U0141603

触楽入門

觸覺不思議

從觸感遊戲、感官實驗及最新研究，
探索你從不知道的觸覺世界

仲谷正史、筧康明、三原聰一郎、南澤孝太／著
是澤ゆうこ／插圖
劉格安／譯

4 觸感連接起世界與「我」

前言——通往觸感世界的邀請函

體會觸感

你現在感覺到什麼樣的觸感呢？

舉例而言，你現在手中拿著這本書，應該會感覺到書的重量或質地，但你是否有注意到這些事呢？

我認為觸感似乎是不太常被注意到，或者很少透過語言表達的一種感覺。但是，只要稍微把注意力集中在肩膀或背部，應該可以感覺到身上衣服的觸感吧？此外，從腳底也可以感覺到地板的存在。

我們總是持續用全身去感覺各種觸感，不過平常並不會意識到這件事。如果說有哪種感覺因為太過貼近反而不受注目，那肯定就是觸覺。

雖然大家長大以後忘得一乾二淨，但每個人小時候都生活在以觸覺為中心的世界。

在《史努比》的角色當中，有一個叫奈勒斯（Linus van Pelt）的小男孩，他每次出現都帶著一條藍色毛毯。只要有那條毛毯在手，他就能發揮最好的表現，比方說棒球打得又快又準，或是表現出頭腦清晰、辯才無礙的一面。查理布朗

（Charlie Brown）如此說明毛毯的功效：「因為它讓人感覺安心，頭腦才能好好運轉。」＊

許多年幼的孩童都像奈勒斯這樣，對於能夠包覆自己的東西有依賴的傾向。這種現象又稱「安全毯」（security blanket），即使沒有母親在身旁，孩童還是能夠藉由觸摸自己喜歡的東西獲得安全感。我自己也有一條動物圖案的毛巾被，一直到上了幼稚園還在使用。

透過接觸的行為，我們的生理或心理都會產生變化，例如有一種叫「袋鼠式護理」的育兒方法，鼓勵母親盡量把早產的嬰兒抱在胸前，延長皮膚直接接觸的時間，因為目前已知的研究顯示，比起長時間待在保溫箱中，這麼做可以讓新生兒的體重顯著增加＊＊。

我認為幼兒時期被溫柔觸摸的記憶，長大以後

依然會殘留在身體的某個角落，並且輪到我們擔任用愛去觸摸別人的角色。

觸覺會殘留到臨終的那一刻為止。這也是理所當然的事，因為構成我們身體最小單位的細胞，每一個都具備感知外界變化的能力。即使還原為最小單位的細胞，只要生命持續存在，觸覺就會持續存在。

觸覺會影響人的心理或思考

在具身認知科學（embodied cognitive science）的領域裡，陸續有實驗結果證明，觸覺會影響我們的決策或心理狀態。詳細內容會在後文進一步說明，總而言之，平常在無意間完成的大量選擇行為，似乎會受到手中正好拿著的溫暖咖啡或是衣服的舒適度所影響*。

若再深入討論的話，我認為觸感不僅會改變心情或判斷，而且似乎也對我們深入理解事物是有必要的。因為包括東西在那裡、自己的身體在這裡等等，這些有關外界的基本訊息，我們都最先透過觸覺感知。

我們很容易以為觸感就是寄寓在物體（素材）裡的東西，不過觸摸這種行為，源於人類身體接觸對象素材時與接觸面的關係。我認為觸感的生成，建立在素材、身體與心理的關係之上。

意識到「觸摸」這件事，不僅能夠讓我們更了解周遭的世界，關於我們自己身體的狀態，或是心智認知事物的方式，也會帶來新的發現。

想了解「觸摸」嗎？

對人類而言必不可缺的感覺。直接影響心情的感覺。可以給予也可以接受的感覺。我就是受這樣的觸覺魅力所吸引，才持續投入研究。

我們希望透過本書鼓勵大家重新認識「觸摸」這種行為。原日文書名《觸樂入門》背後隱含的寓意，就是希望打造出更能享受「觸」摸之「樂」的文化風土。

以下先由參與本書執筆的我們四人進行自我介紹。我們正在研發一種與觸覺和身體感覺相關的技術，又稱觸覺介面（haptics），並致力於提倡這種技術的活用。

我（仲谷）所進行的研究是尋找新的觸覺型錯覺，藉由這個過程連結神經科學與觸覺心理學；南澤正在開發一種裝置，可以就近感覺到遠端機器人所感受到的觸感；筧正在摸索如何運用尖端科技建立新的溝通型態；三原則投身藝術的第一線，致力於將觸覺融入現代美術和教育。雖然產出的形式各異，但每位成員都對觸感懷抱高度興趣。

我們從二〇〇七年到二〇一六年間，已經舉辦了八年的TECHTILE活動。「TECHTILE」是取自TECHnology based tacTILE design，意思是「以科技為基礎的觸感設計」。活動旨在活用尖端科技創造新的觸感體驗，並透過展覽或工作坊向一般大眾推廣我們的成果。這就是主要的活動內容。

舉例而言，在二〇一〇年舉辦的「TECHTILE展＃3觸覺的現實」中，我們參考住宅建材的型錄，展示了以人工方式製作出重現各種肌膚質感的型錄《人體肌膚大全》，還有透過內建在鞋子裡的震動裝置，創造出如同在河裡行走的感覺的鞋子「River Boots」等作品*。

此外，我們也在全國的美術館和大學開辦工作坊，藉由讓人體驗奇妙的觸覺型錯覺，或是利用各式各樣的素材進行觸感的「接龍遊戲」，希望提升大眾對觸感的興趣。

實際舉辦這樣的工作坊後，發生了一件令人開心的事，那就是參加者開始談論他們各自的觸感體驗。有人說他喜歡自己養的兔子額頭上稍微凹陷下去的地方的觸感，有人說他討厭用舌頭舔冰棒時那種粗糙的感覺。正因為每個人的感受有程度之差，所以才會在日常生活中留下印象深刻的觸覺體驗。這樣的活動讓人們發現，過去只是因為沒有分享的機會，所以不曾特別留心而已。

觸感的世界已遭遺忘

觸感之所以容易遭到忽略，背後有著科技的推波助瀾。

空調完備的辦公室一年到頭都很舒適，鋪設好的平坦道路相當容易行走，坐起來很舒適的汽車讓人不必滿頭大汗即可移動——在科技革新的恩惠下，我們的生活已經達到前所未有的安全與舒適。這件事情本身是值得慶幸的，但這樣的發展，同時也盡量避免了受傷或弄髒身體的可能性，亦即各種使用身體的行為去感知外在世界的過程。

除此之外，半個世紀以來，我們周遭的資訊環境已出現劇烈的變化。電視、廣播、網路等目前提供的資訊型態，幾乎不脫語言、視覺或聽覺的範疇。加上近年社群網站興盛，全世界的人都可以二十四小時在線上交流。對照人類長遠的歷史來看，從來沒有一個時代如此偏重視覺、倚重文字閱讀。

從前與人面對面交談，一定會伴隨著皮膚感覺（cutaneous sensation），然而社群網站上的連結，卻使得欠缺具身化的即時交際變成可能。只有言語上的交流，而看不見對方的身體。簡直就像穿著太空衣與外界通訊，全身上下只露出一顆頭一樣。

明明頭腦接收到「相互連結」的訊息，身體的皮膚感覺卻覺得好像少了些什麼——網路的發展讓我們置身在頭腦與身體不協調的全新狀況下。或許有人能夠享受或適應這樣的狀況吧，可是另一方面，肯定也有為數不少的人無法完美適應，對於這種「身心分離」的狀況感到困惑。

我們是不是有必要再次連繫頭腦接收到的訊息和自己的身體呢？話雖如此，這並不是要大家過回ＩＴ技術發達前的生活。既然是科技讓人遺忘感覺，那麼是否也可以用科技讓人重新想起呢？這就是我們成立TECHTILE的初衷。

利用科技找回觸感

在我們剛開始舉辦活動時，利用科技取回觸感聽起來是一件非常令人詫異的事，但我們覺得時機似乎愈來愈成熟了，因為近年來應用觸感的科技正因虛擬實境研究而急速發展。

此外，觸覺的科學也受到關注，對於長期以來始終成謎的皮膚感覺、癢、痛的基礎理解，自二〇〇〇年代起便有了長足的進展。如今各大學、研究機構或企業，紛紛開始嘗試如何讓目前已知關於「觸」的知識派上用場。

二〇一五年九月二十三日，御茶水舉辦了一場「觸覺的黑客松」活動，簡稱「觸客松」。黑客松一詞聽起來有點陌生，意思就是像馬拉松一樣，在為期數日的短期間內完成系統開發（hack）的競賽活動，在二〇一〇年前後開始急速崛起。

在當時的觸客松活動中，參賽者提出了各種創意，例如想要摸摸看無法觸及的星空中的星星，或是想要從遠處被人摸頭等等。參賽者不僅包括觸覺的新手研究者，也有工程師或設計師等各領域的人組隊參加，現場熱血沸騰，每個人都躍躍欲試地想要創造出新的東西。

由此可見，觸感科技是當前的次世代科技中最受矚目的領域之一，並在全世界掀起潮流，連蘋果公司都開始應用在iPhone裡。

我們想讓這種全新的觸感科技脫離學術研究的範疇，變成生活當中任何人都能使用的東西。出於這樣的理念，我們開發出一種即時傳送觸感的裝置，名叫「TECHTILE工具組」。

這是一款可以記錄觸感資訊，然後增幅輸出的裝置。只要使用這款裝置，即使是在空無一物的紙杯中，也可以創造出「彈珠滾動的觸感」或「汽水清爽的發泡感」。由於在技術上並無困難之處，因此只要有機器的材料和簡單的電子操作經驗，任何人都可以製作出這種工具組。

以往的觸覺是此時此地只有自己能體會到的感覺，而這款工具組讓任何人都能輕易地把觸感記錄下來，也能即時傳遞給身旁的人，如果日後重現的話，還能將當時的觸感傳遞給其他距離遙遠的人。

重現觸感？究竟是怎麼一回事？有這種疑惑的人，請務必翻閱本書的第5章。TECHTILE工具組是一套可以憑空創造出物品觸感或實體感的工具，也給我們一個重新思考「現實」（reality）究竟由何構成的契機。

我們TECHTILE曾用這套裝置在日本各地，甚至遠赴美國、芬蘭、澳洲等世界各國舉辦工作坊。

觸摸物品時的反應與看見視覺資訊或聽見聽覺資訊不同，會有獨特的間隔與獨特的表情。在使用TECHTILE工具組的工作坊中，我們多次看到參加者試圖表達出無法用語言表達的訊息，而不禁發出「啊！」或「噢——」等感嘆聲的模樣。遇見摸起來很舒服的觸感時，人們會露出非常幸福的表情。這或許就是我們極力研究觸感表現的主要原因吧。

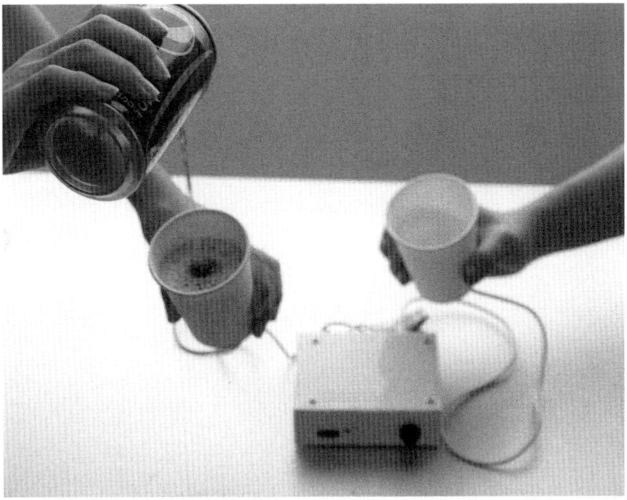

TECHTILE
工具組
倒入汽水。觸感會傳遞至右邊的空紙杯裡。

為了打造出更多能夠藉由觸摸感受到喜悅的環境，所以我們才致力於TECHTILE的活動。

開始享受觸感之樂吧！

本書將以任何人都能輕鬆嘗試的「問題」形式，逐一介紹觸摸的樂趣。內容包括讓人意識到觸感的實踐訓練，另外也有需要親自活動身體的項目。

雖然有部分經過科學研究，但由於觸感的科學直到最近才被揭開，因此也有很多是只知其現象，卻不知其原理的項目。我們建議在實際觸摸物品的同時，一邊思考造成該現象的理由。

觸覺會不會像錯視圖或耳朵聽錯一樣，也有「摸錯」的時候呢？所謂的感覺敏銳究竟是怎麼一回事？我們的感覺可以明確區分為五感嗎？就讓我們透過觸覺進行思考，重新認識對外界的感覺體驗吧！

觸覺／觸感的主題在許多科學或工學以外的領域也是相通的。為了讓各位了解其範圍，請務必一覽卷末所附的「觸感年表」。

就像每個人都有觸覺一樣，每個人都能夠談論自己獨有的觸感，就是這個領域的魅力。但願翻閱本書的各位在親自感受的同時，也能夠動腦思考並積極參與觸覺的遊戲。如果各位讀者能夠親自找到我們沒能解開問題的答案，那將會是我們最大的喜悅。

事不宜遲，現在就帶各位前往體驗觸感之樂的新世界吧！

1

觸摸是怎麼一回事？

1-1

想像一下，失去觸感是什麼感覺？

——好像變成了幽靈一樣

如果在五感之中，必須要失去一種感覺的話，你會選擇哪一種呢？這問題聽起來雖然荒誕無稽，但還是請各位稍微想像一下吧。

舉凡電影、音樂、電玩、美食等，現代的娛樂皆以視覺或聽覺（加上味覺）為主，因此選擇這些感覺，認為「失去也沒關係」的人，應該還是少數吧？可能多數人還是選擇觸覺或嗅覺其中之一吧。

那麼我們來想像一下沒有觸覺會是什麼樣的狀態好了。觸覺不像視覺或聽覺一樣，閉上眼睛或摀住耳朵即可，觸覺是一種無法暫時關閉的感覺，因此想像起來實在不容易，不過失去觸覺這件事，很有可能造成動搖自我存在依據的嚴重事態。

在奧立佛・薩克斯（Oliver Sacks）的《錯把太太當帽子的人》一書中，有一位因為神經炎而失去包含觸覺在內的所有身體感覺（即「體感覺」，somatosensation）的女性*。雖然失去了觸覺，但眼睛看得見，耳朵也聽得見，因此乍看之下似乎沒有任何問題，可以和朋友見面，可以工作，也可以開車。

不過稍微觀察一下她的生活，總覺得有哪裡不太對勁——她的表情或聲調似乎特別誇張。

雖然她的身體可以活動，但因為失去觸覺，無法感受到身體的感覺，因此她變得必須刻意擺出姿勢或表情。

她的皮膚似乎還有些微的感覺。她喜歡乘坐敞篷車，理由是「我意識到手臂和臉與風兒的接觸，我能微微地感覺到，我應該是有手有臉的人」。她應該覺得自己根本和幽靈沒什麼兩樣吧？失去觸感的她，等於失去了自己與世界的連結。

失去觸覺並非特殊現象。當三大疾病之一的腦中風發生在大腦的體感覺區時，人就會喪失觸覺。腦中風鮮少同時發生在腦的兩半球，多數情況下只有身體的左半側或右半側會出現症狀而已。但即使只有半側，還是會對患者造成極大的不便。

某位失去右半身觸覺的患者有這樣的症狀：當他用右手拿起像紙一樣輕的東西時，會因為施力過度而弄壞東西，或是無法把東西從手中放開。他表示日常動作變得非常不協調，一秒鐘都不能掉以輕心，還說：「我多希望能有任何一丁點感覺，即使只是奇怪的觸感也好。」

薩克斯博士曾在挪威遭遇意外事故，左腿嚴重摔傷，最後雖然「救回左腿」，但據說不僅左腿無法活動，即使被他人移動也毫無感覺。「左腿成了陌生的存在。」他如此描述當時的心境，「我覺得手指摸到的已經不是『物質』了，我無法用任何言語形容。……我的左腿在這世界失去了容身之地。*」

其後，在某次復健的步行訓練過程中，薩克斯博士突然感覺自己的左腿又回來了——那是多麼無法言喻的喜悅啊！

或許是因為觸覺實在太過重要，所以過去從未聽過有誰天生就沒有觸覺。但如果天生就沒有觸覺的話會怎麼樣呢？沒有觸覺能夠握住咖啡杯嗎？腳底沒有感覺能夠行走嗎？連吃飯的時候都沒有任何口感。這種感覺或許宛如整個世界切斷電源，所有東西都不給予任何回應一樣。

1-2

嬰兒最先被啟用的五感，是哪一種感覺？

——最初始的感覺是觸覺

嬰兒時期的我們，生活在以觸感為中心的世界裡。

嬰兒的眼睛看不太清楚，其中新生兒的視力只有〇．〇三，六個月的嬰兒則為〇．二。比起用眼睛探索世界，嬰兒首先會藉由觸摸展開空間認知。對嬰兒而言，世界始於嘴巴接觸到的東西，其次是手能接觸到的範圍，接著逐漸擴大到爬行的範圍。

耳朵的聽覺又如何呢？雖然胎兒在母體內也會對聲音有反應，但直到出生二、三個月以後，嬰兒才會把眼睛轉向聲音的來源。

在嬰兒的五感之中，最早啟動的就是觸覺。關於胎兒的觸覺，大約從母體懷孕十週起，就能觀察到他們觸摸自己或子宮壁的行為，據信學習已在此時展開。＊

剛出生的嬰兒充滿好奇心，什麼東西都想摸，因為比起看或聽，摸與舐更能獲得確實的資訊。小時候，每個人都是觸覺的生物。

在現有的紀錄當中，最早提及觸覺的人是哲學家亞里斯多德（Aristotle），他在五感之中，賦予觸覺最特殊的地位，並描述觸覺是「在所有知覺的能力之中最基本的，所有動物都具備觸覺*。」因為觸覺是攝取營養這種生存行為的必備能力。正如亞里斯多德所說，嬰兒會運用手指、嘴唇和舌頭探求母乳並攝取營養。藉由「觸摸」的行為，我們一路摸索學習自我與世界的關係，並得以維繫生命。

這項事實也已獲得腦科學研究的支持。以往檢測新生兒的腦部活動是一件很困難的事，但京都大學的研究團隊已經透過一種叫「近紅外線腦功能成像」的方法，成功測量到出生數日的嬰兒的腦部活動**。

他們為了調查嬰兒對哪種感覺最有反應，分別針對「看見光線時」、「聽見聲音時」以及「手指受震動時」（亦即施以觸覺時）等三種情況，測量嬰兒的腦部活動。

結果發現嬰兒在受到觸覺刺激時，顳部到頂部會出現大範圍的腦部活動，範圍遠超過視覺與聽覺刺激，甚至超過成人處理觸覺資訊的感覺區，擴及至其周邊範圍或聽覺區等等。嬰兒究竟是如何感覺的呢？

在母親肚子裡靠全身觸覺感受的嬰兒，一出生便開始將自己接觸到的東西，與眼睛所見的東西視為一體。

曾經有一道問題在十七世紀掀起哲學爭論，那就是「莫利紐茲問題」（Molyneux's problem）*。以極為簡化的方式來說，這個問題在問的就是假設天生失明的人，長大以後經過手術獲得視力的話，光用眼睛看（以往靠觸摸認知的物體）是否能夠辨識事物？這個問題在技術上可以實際進行眼部手術後，已經得到了答案：「無法辨識」。即使眼睛突然看得見，也只會看到充滿光線的畫面，無法捕捉物體的形狀或衡量距離**。即便手術後經過一段時間，似乎還是會在觀察立方體時表示：「上面看起來像菱形，很難辨識。」或是即使看得出貓的前腳、

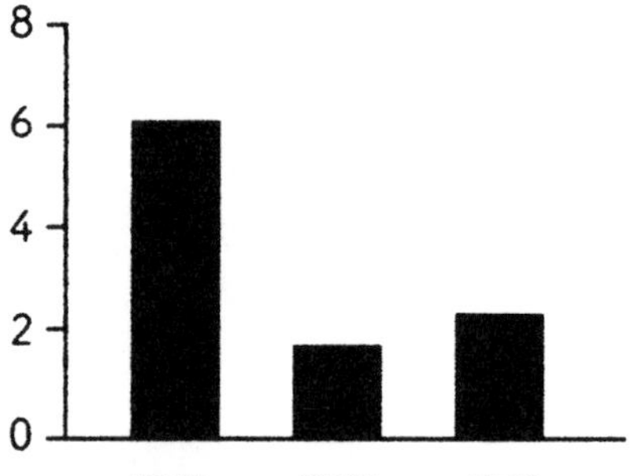

嬰兒的腦部活動

在 43 處腦部檢測資料中，觀察到腦部活動的數量。其中觸覺的數量最多。

尾巴或耳朵，卻無法從全體來判斷這是一隻貓。這是因為他們觸摸到的東西與眼睛所見的東西，兩者的資訊並未整合的緣故。

嬰兒在看到從未體驗過的新事物時，會表現出持續注視的特性。法國巴黎第五大學的阿蕾特・史托雷利（Arlette Streri）博士等人便提出報告，說他們利用這樣的特性發現，嬰兒在未滿二個月以前，就能夠用眼睛辨識出自己對摸過的東西「有印象」（甚至有報告顯示出生第二天起即開始整合*）。比起形狀，嬰兒最先開始進行觸覺與視覺對應的，似乎是材質粗糙與否的資訊**。

前文提到針對嬰兒進行的腦部研究也顯示，觸覺刺激會使視覺區或聽覺區出現腦部活動。正因為這樣的感覺統合自出生數日起即開始進行，人類才得以漸漸不需要倚賴觸覺，直接憑藉視覺掌握事物。

視覺與聽覺的記憶會隨著成長，以壓倒性的分量逐漸抹去觸覺的記憶，在長大成人以後，更是幾乎不再以觸覺為意識體驗的重心。

1-3

試著用一張普通的紙發掘各種觸感

——觸感也受「觸摸的方式」影響

接下來，我想帶領各位透過實際的觸摸，思考一下「觸摸」是怎麼一回事。請摸摸看這一頁的紙張。摸起來感覺如何呢？

本書內頁使用的是極為普通的紙張。現在再請各位稍微用心地感覺一下，這種平凡無奇的普通用紙摸起來的感覺吧。

你是用什麼方式摸這張紙的呢？我想有些人可能是橫向摸過整個頁面，有些人可能是搓一搓書頁的角落，也有些人可能採取了許多種觸摸的方式。紙張可以用捏的，也可以用敲的。請試著用手背、手肘、臉頰、下巴、肚子等全身上下各個部位摸摸看這張紙。

橫向摸過整個頁面時，稍微用力的話會怎麼樣呢？原本感覺滑滑的觸感，是不是在稍微用力以後，就變得跟剛才的觸感不一樣了呢？由此可知，即使摸的是同一張「紙」，觸感依然會隨著與身體接觸的方式而有所不同。

大家幾乎從來沒意識到的是，其實我們會從觸摸所得到的各種觸感當中，選擇一種觸摸方式，讓自己獲得合乎目的的觸感。這道理就好比拍照的時候，設法在構圖中凸顯拍照的對象一樣。

蘇珊・雷德曼（Susan Lederman）博士等人曾經進行過一項實驗*，觀察人類在接觸物品時的動作，實驗顯示多數人會採取典型的動作（亦稱「觸覺探索動作」），例如想要感覺材質時，就橫向撫摸素材的表面；想要感覺硬度時，就施力按壓素材。可參考下一頁的圖示。

我認為觸感與以下三要素有關：首先是觸摸對象的物體（素材），其次是觸摸用的身體，再來是觸摸後形成於個人意識中的主觀觸感體驗（心像）。觸感由這三要素構成，即使觸摸的是同樣的物體，依然會受到當下的觸摸方式或心理認知所影響。

嬰兒的肌膚光滑柔嫩，摸起來很舒服，「嬰兒肌膚」已是理想肌膚的代名詞了吧？事實上嬰兒的肌膚不但很薄，還很容易乾燥，實在稱不上是理想的肌膚。

我曾經摸過模擬嬰兒嫩薄肌膚製成的樣品，素材本身摸起來完全沒有舒服到那種程度，我還為此感到出乎意料。

嬰兒肌膚的觸感恐怕也受到我們接觸嬰兒時的觸摸方式影響吧？除此之外，我想這也與我們對「嬰兒」抱持的印象有關，因為嬰兒肌膚的觸感是由觸感的三要素所構成。

代表性的觸覺探索動作

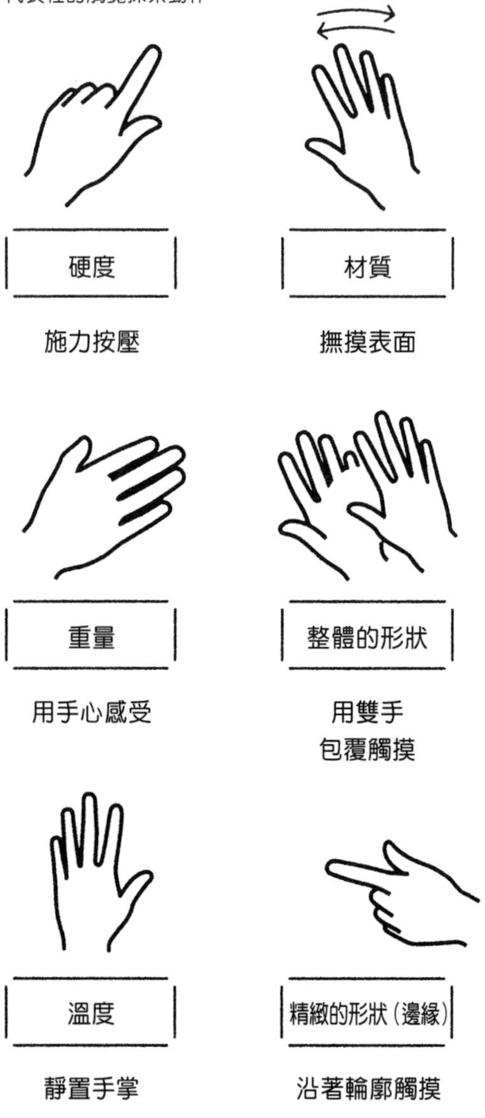

1-4

使用觸覺接觸鏡感受更纖細的觸覺

──表層的觸感與深層的觸感有何不同？

用掌心有防滑顆粒的工作手套觸摸東西時，會不會有種觸感變差的感覺呢？根據已知的研究顯示，其實當我們戴著工作手套時，反而比較容易辨識出物體表面連眼睛都看不太出來的凹凸紋路。

舉例而言，據說熟練的技師在親手做最終確認，檢查汽車車體是否扭曲變形時，都是戴著工作手套進行的。他們說這樣比徒手作業更容易察覺細微的彎曲，聽起來是否很神奇呢？

解開這個疑問的，是名古屋工業大學的佐野明人博士等人。他們著眼於工業手套的構造，並發現用工業手套進行一般的針織作業時，手套的編織方式與觸感的增幅是有關聯的*。然後他們應用這種原理開發出一種增強觸感的工具：「觸覺接觸鏡」。連幾乎無法徒手察覺的數微米凹凸表面，都可用觸覺接觸鏡清楚地凸顯出來。

「觸覺接觸鏡」是由劍山般的細針和底下的塑膠片所構成，手指則置放在針的那一面。如果塑膠片底下有些微起伏差異，針就會順著那個形狀略為傾斜。換句話說，這個變化就是利用槓桿原理對手指形成大幅的變形，最後塑膠片底下的形狀經過增幅，便會傳遞到手指去。

有趣的是，報告顯示一旦透過觸覺接觸鏡察覺任何微小的痕跡，之後即使沒有接觸鏡，還是會在觸摸同樣的位置時感覺到這個痕跡。此外，對於類似的痕跡也會提高辨識率。

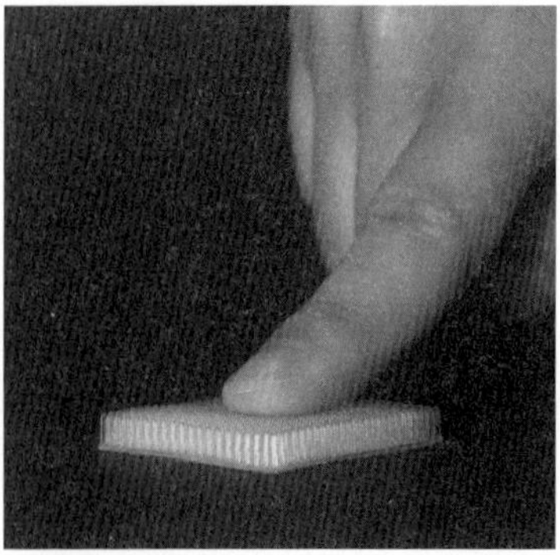

觸覺接觸鏡（相片提供：佐野明人研究室）

工作手套

戴工作手套可以讓人把注意力集中在表面的凹凸，並忽略掉細微的粗糙感，因此有助於增強觸感。

人類這種透過工作手套等中介物感受另一端觸感的能力，其實只要經過仔細的觀察，就能看見「觸覺」的多層性。

舉例而言，乳癌檢查的觸診不是為了觸摸皮膚表面，而是為了用手去感受皮膚底下的硬塊；另外像用鉛筆寫字時，不僅能感受到鉛筆的觸感，連筆尖接觸到的紙張表面材質也感覺得到，對吧？

雖然觸覺接觸鏡是針尖的劍山在刺激手指，但手指感覺到的卻是接觸鏡底下的凹凸不平。觸覺接觸鏡如英文的字面意義（contact lens）所示，發揮的就是透明放大鏡的功能。

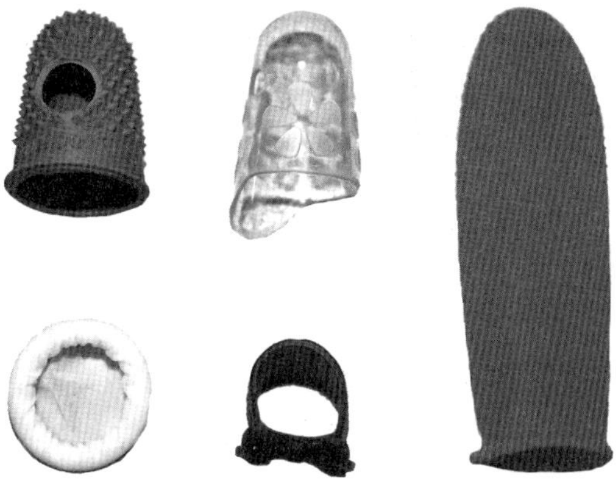

各種款式的指套

只要戴上指套觸摸物體，即可享受到與以往不同的觸感。之後再摘掉指套，會讓人覺得有種觸感不夠鮮明的感覺。

1-5

閉上眼睛握手，你是握人的？還是被握的？

——感受人與人之間的無聲交流

摸自己臉頰時，我突然有個疑問：究竟是手在摸我的臉頰呢？還是臉頰在被手摸呢？臉頰與手都是我身體的一部分。

覺得身體有點發燙時，我們會用手摸額頭以測量體溫，這時測量體溫的究竟是手還是額頭呢？或者是綜合兩者的感覺進行判斷呢？

另外像是握手這件事，也是很奇妙的感覺。「觸摸」的經驗，同時也是一種「被觸摸」的經驗。想一想，這種問候方式還真是特別呢！

握手的時候，即使可能有受傷的危險，我也要冒險觸摸眼前的人。對方也是，承受著同樣的風險被來路不明的我觸摸，不曉得我會對他做什麼事。這種對稱的結構是親切往來的象徵，讓握手得以被列為問候的一種行為。因為握手是接受對方的表現。

為了思考握手的「觸摸／被觸摸」的關係，我們曾經做過一項實驗。請各位務必找來三人以上一起試試看。

首先，二人一組，閉上眼睛握手。然後在各自覺得「自己握著對方的手」時，舉起另一隻手。此時，請避免刻意改變握手的力道。結束以後問問看旁人，你們分別在什麼時候舉起另一隻手。

我們自己也實際做過這個實驗，並且發現在握手的二人當中，經常出現其中一人舉著手時，另一人的手是放下的狀況。不僅如此，當其中一人舉起手，另一人幾乎會同時把手放下。

換句話說，當我們覺得「自己在觸摸對方」的時候，對方也會感覺到「自己被觸摸著」。這種時候，又該如何命名彼此之間無以言喻的交流呢？請試著透過觸摸，感受這種在無意識之間傳達的「什麼」吧。

我握著對方

我握著對方……！

我握著對方

1-6

溫暖的手和冰冷的手，何者較容易獲得信賴？

——觸感如何影響思考或判斷？

二〇一〇年，一篇刊載在美國《科學》（*Science*）期刊上的論文，對追求「觸感」的我們帶來衝擊。耶魯大學的約翰．巴奇（John Bargh）博士的研究團隊證實，我們的思考會受到觸感影響*。雖然我們相信自己是根據自己的意志判斷眼前的事物，但巴奇博士等人卻提出違反這項直覺的實驗結果。

他們在實驗中讓受試者看陌生人的肖像照並評斷其人格。受試者已事先被分為二組，一組供應的是熱咖啡，另一組則供應冰咖啡。

好了，你認為結果如何呢？事先拿到熱咖啡的人比拿到冰咖啡的人，有更高的機率判斷照片裡的人是「溫暖的人」。因為手心接觸到的物體溫度，影響到他們對照片中人物的人格判斷。

我在閱讀這篇論文時，心想這只是碰巧的吧？不過後來的研究陸續證實，觸感與判斷之間的確存在著無法斬斷的關聯。

巴奇博士的研究團隊又進一步設計出另一項有關溫度感覺與信賴關係的實驗*。他們在這項實驗中讓受試者進行投資遊戲，並在受試者左手的掌心上放置冰冷的物品或溫熱的物品。結果受試者在受到冰冷的溫度刺激情況下，投資額會變少。這也就是說，手一冷，心似乎也跟著變冷似地，對他人的信任度便隨之下降。

影響判斷的不只是溫度而已。根據某項實驗**顯示，請對方入座展開交涉時，讓對方坐柔軟的沙發比坐硬邦邦的椅子，更容易使對方答應我們的要求。看來柔軟的觸感似乎能讓對方的態度「軟化」。

還有另一項實驗***是讓實驗參加者扮演面試官的角色，其中用來夾履歷表的板夾，又分成重的與輕的二種。結果拿到重板夾的那一組，傾向於把求職者判斷為更重要的人物。

身體承受的溫暖、柔軟、重量等觸感，並不是隨時隨地都會引起注意，然而我們似乎還是會在不知不覺間，在觸感的刺激下作出決策。這個所謂具身認知科學的研究領域，近年正如火如荼的發展中。

為什麼觸感會影響判斷呢？有這麼一項假說：以「寒冷」為例，當人體受到寒冷的刺激時，主掌價值判斷的大腦扁桃體會做出回應，而由於「寒冷」有可能對生命造成威脅，因此大腦會判斷這是危險訊號，進而對於寒冷刺激物產生躲避的行動。據推測可能就是這個原因，造成「不信任對方」的結果。

在此稍微岔個題，咖啡的「溫暖」與評斷人格時的「溫暖」，兩者使用的雖然是相同的形容詞，但後者是用來表達抽象概念的比喻手法（隱喻）。沙發的「柔軟」與人的態度的「柔軟」、板夾的「重量」與人物的「重要性」（使用的都是「重」這個字）……諸如此類，在我們用來表示人際關係的用字遣詞中，隨處

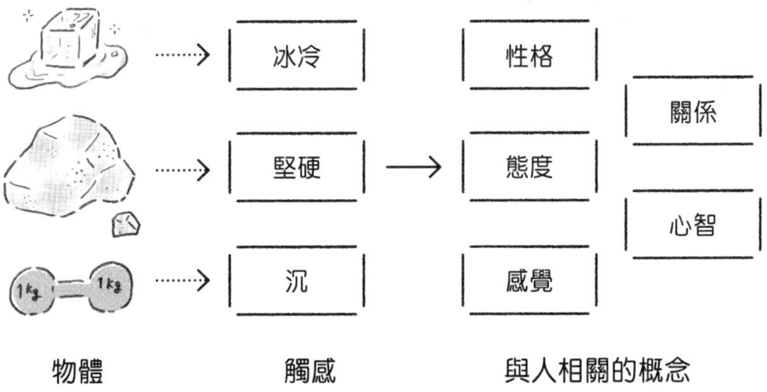

可見觸感的蹤跡。

再來找找看其他日常生活中頻繁使用卻不自覺的觸感比喻吧。「乾」、「滑」、「輕」等觸感，聽起來也像是在表達某些類型的人格。米蘭・昆德拉（Milan Kundera）的小說《生命中不能承受之輕》，則是以「重量」的觸感進行轉喻的例子。我們藉由身體所承受的觸感，理解自己與他人之間的關係，而這同時也反應在語言表徵裡。關於這一點，我會在稍後的第三章再次探討。

2

我們如何認知外在的世界？

——從科學角度理解觸覺

透過科學理解觸感

到目前為止，我們都沒有明確定義何謂觸感，在此先為大家進行概念的整理。一般而言，皮膚感覺即稱「觸覺」；相對於此，本書所謂的「觸感」，則偏向指稱經由觸摸而產生的主觀體驗。

老實說，在這個定義下的「觸感」，是科學難以駕馭的對象。重視客觀性的科學，並不善於處理「我所感受到的感覺」這種無法具體呈現的主觀感受。科學處理的是皮膚、神經、大腦、語言表徵、行為等，所有人都能觀察到的外在世界。雖然將主觀量化的心理學法則也日益發達，但主觀的體驗與客觀的科學之間，還是存在著一道無法跨越的藩籬。

科學的觸手之所以不容易伸進觸感的領域，除了因為觸感是主觀的感受，另一項理由就是因為我們所感受到的觸感實在太多樣了。觸感的生成並非僅來自皮膚的感覺（觸覺），其他的五感（視覺、聽覺、嗅覺、味覺）或甚至語言、記憶等高階認知功能，都會和觸覺結合，生成獨一無二的觸感印象。

關於這個部分，後續會按部就班地說明，不過在那之前，我們先來看看本章要介紹的——觸感形成的根源「觸覺」的運作機制吧。

即使是單細胞生物的草履蟲，都擁有感知細胞膜受到接觸、溫度變化或化學物質等廣義的觸覺。透過觸覺這種生物史上最早出現的感覺之運作，我們將帶領各位一窺人類認識外界的、這令人驚嘆的系統一隅。

五花八門的觸覺感受器

相較於其他五感，觸覺有幾項獨有的特徵，其中之一是獲得感覺的部位不像眼睛或耳朵，而是分布於全身上下。皮膚的總面積為一・六至一・八平方公尺（約一張榻榻米大），重量約為三公斤。全身上下的表皮不僅是人體

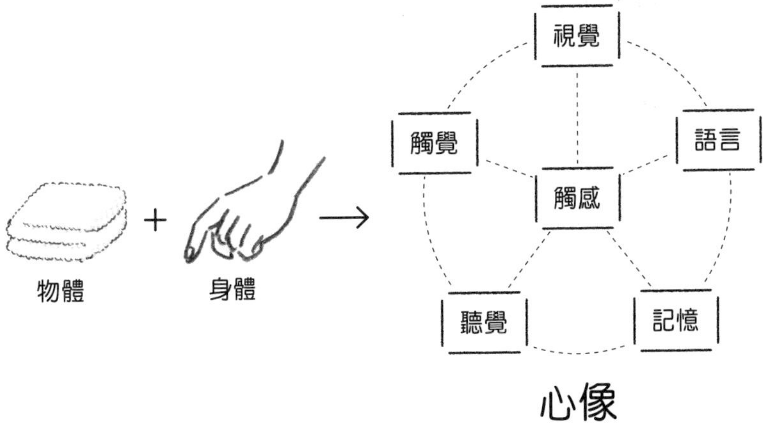

最大器官，更是感受觸覺的界面。

除了皮膚感覺，人類還有另外二種以全身接收的感覺。一種是「胃痛」、「肚子餓」等感受內臟狀態的「內臟感覺」，另一種是感受肌肉、肌腱、關節位置或運動的「本體感覺（深部感覺）」。

由於本體感覺與皮膚感覺相互關聯，因此我們平常不太能夠區別這二種感覺，大多體驗為同一種感覺。也因為如此，這二種感覺也被合稱為「體感覺」。

問題來了，如果視覺感受的是光，聽覺感受的是聲音，那麼觸覺感受的是什麼呢？

用最簡單的概念來說，就是皮膚的變形。說得更明確一點，就是位於皮膚底下末梢神經前端的觸覺感受器，會感受到由壓力或振動所造成的細胞變形。

身體的觸覺感受器依功能不同，可分成數種類型。

最原始的觸覺感受器是「游離神經末梢」，由感覺神經分支而成，廣泛分布在皮膚內。游離神經末梢能夠感受到痛覺、溫度或癢，但也會對外力接觸造成的壓力有反應。尤其是纖細的感覺神經C纖維對熱、壓力及化學物質都會有反應，因此又稱「多類型感受器」。這種神經負責的是痛、冷，還有舒適等感覺，目前可知的是，當我們用軟毛刷子緩緩刷過毛髮生長部位的皮膚（亦稱「有毛部」）時，C纖維便會有所回應。

在游離神經末梢當中，也有一種類型會纏繞著毛根。毛會發揮槓桿般的作用，當有外力接觸到毛的尖端，毛根部的神經就會敏銳地察覺到受力。老鼠的全身幾乎被毛所覆蓋，牠們的毛根部就分布著二種游離神經末梢，和一種較粗的感覺神經，因此可以第一時間察覺任何風吹草動。

其次介紹更高階的觸覺感受器，是一種由粗的感覺神經所傳導，並附著在該神經前端的特殊構造（又稱「機械性受器」）。目前為止已經發現四種類型的感受器，這四種類型有何差異呢？就是主要負責的振動頻率不同。

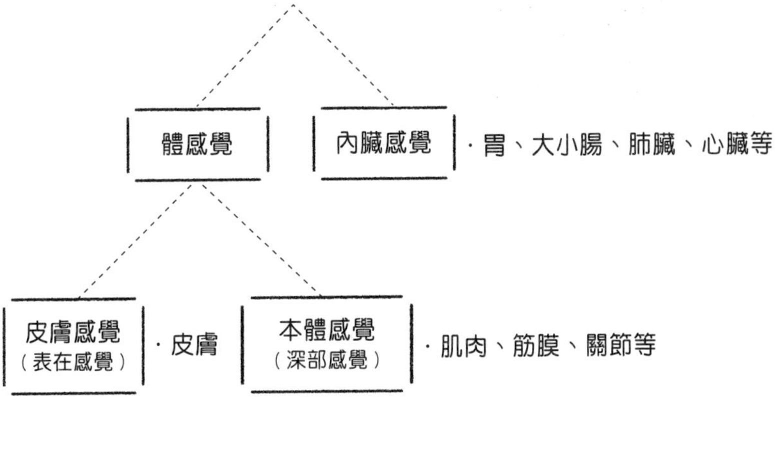

舉例而言，負責感受形狀凹凸不平、表面的邊緣，或者受到輕輕按壓的壓覺的是「默克細胞」。感覺像拍手這種速度的振動，或是「咻」的滑過去的光滑感，是由「梅斯納氏小體」負責回應。這二種類型又以手指的分布密度最高。

位於皮膚深層的「巴齊尼氏小體」則對更細微的振動，例如砂紙的粗糙感或芒草穗子的顆粒感，會產生敏銳的反應。最後一種「魯斐尼氏末梢」據說對皮膚的牽張有反應，但關於其解剖學上的理解或如何透過神經傳導觸覺刺激的機制，目前仍所知甚少。

如果光憑原始的感覺神經（游離神經末梢），即使能夠知道自己正在被觸摸，也無法進一步辨別接觸到的東西是什麼形態，不過有了這四種特別的觸覺感受器，即可鎖定對象的特徵，因此據推測這些應該是在生物演化史上後期才出現的觸覺感受器。

我（仲谷）曾在二〇一四年與哥倫比亞大學的馬場欣哉博士、艾倫．蘭普金（Ellen A. Lumpkin）博士等人，共同投入一項探討細胞構造的研究，並證實被外力輕壓的訊息會透過神經傳導*。這件事早在一八七五年，就已由德籍解剖學家默克（Friedrich Sigmund Merkel）提出假說，但直到約一百四十年後，才首度

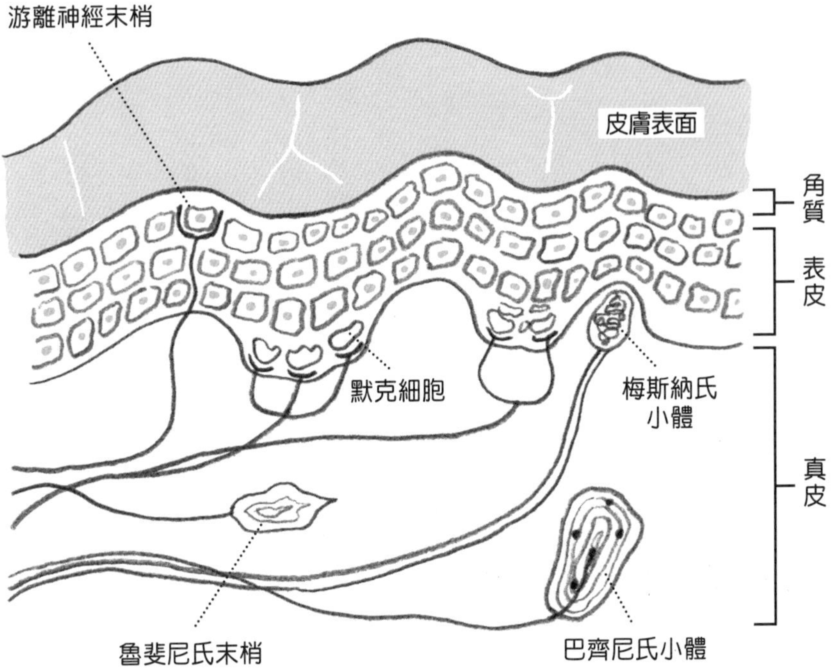

皮膚觸覺感受器的種類

游離神經末梢	有細的神經（C 纖維）與粗的神經。 負責傳導熱、冷、痛、癢、舒適等感覺。
默克細胞	感覺皮膚被按壓時的壓力。 負責凹凸不平等粗略的形狀。
梅斯納氏小體	對 10 ～ 100 赫茲的緩慢振動有反應。 感知光滑度與速度。
巴齊尼氏小體	對 100 ～ 1000 赫茲的細微振動有非常敏銳的反應。
魯斐尼氏末梢	據說對皮膚的牽張有回應，但目前所知甚少。

獲得科學證實。

前面談論的都是有關皮膚可以察覺到細胞的變形（壓力、振動或滑動）一事，但皮膚底下還有其他可以感受到溫度（冷與熱）的感覺神經。此外，皮膚也有傳導痛、癢的感覺神經，不過我們認為這二種與構成可以感受物體材質的「觸感」的神經是不同的類型，因此在本書所占的篇幅較少。

感受細胞變形的感受器，與感受溫度的感受器——觸覺感受器大致上可以分成這二種。擁有這二種感受器，我們才能感覺到橘子皮的濕潤與顆粒感，或是像絲綢一般涼爽而光滑的感覺，仔細想想，不覺得很奇妙嗎？這種奇妙不僅來自皮膚的感受器，更結合了觸摸的動作，或是觸覺以外的五感等各種要素。

接下來，就一起探索全身上下的觸覺感受器與您自己所感受到的「感覺」之間，究竟存在著什麼奧祕吧。

2-1 用麻醉後的手指抓抓看雞蛋會怎樣？

——皮膚感覺是日常動作的基礎

我在第一章提出了一個問題：「失去觸感會怎麼樣？」有件事可以提供某種程度上的體驗，就是局部麻醉。

我曾經因為踢室內足球而受傷，導致右腿的脛骨、腓骨和腳踝的骨頭全部骨折。我接受了一場在骨頭當中打進鈦金屬板的手術，當時的麻醉經驗實在令人印象深刻。就像薩克斯博士失去左腿感覺時那樣，我的腿完全沒有感覺，只覺得自己的大腿根部長著某個臃腫的「東西」。

然而，為什麼麻醉以後會沒有感覺呢？

這是因為麻醉會對傳達觸覺感受器訊號的感覺神經產生作用，阻斷資訊的傳遞。

細胞的形狀像袋子一樣，表面有很多被稱為「離子通道」的小孔，這些小孔平常都呈關閉的狀態，但會配合狀況打開通道。

例如默克細胞就有離子通道會在外力接觸導致細胞變形時打開表面的小孔（即「機械式感應通道」）。這是直到二〇一四年才發現的事實。

離子通道一旦打開，帶電的分子（即「離子」）就會經由這些小孔流進流出，此時袋子內外的電位就會產生變化。因此，細胞內會暫時從平常帶負電的電位，變成帶正電的電位。這就稱作細胞的「興奮狀態」。

這種興奮狀態若發生在默克細胞，接收到資訊的感覺神經就會將「被觸摸」的資訊，從皮膚傳達到脊髓，再到腦部。

以人類的手為例好了，手上的感覺神經約有將近二萬條之多，每一條的末端又會分支出約十個觸覺感受器。令人吃驚的是，這個部位的每一條感覺神經都是由一公尺長的神經細胞連接到脊髓。

當脊髓接收到資訊以後，換由脊髓神經以幾乎一對一的方式，經由腦的中繼站「視丘」連接到腦的體感覺區。從全身傳遞到體感覺區的資訊，會整齊地按照腳趾、胴體、手、臉、舌頭的順序排列，因此又有「身體地圖」（body map）的

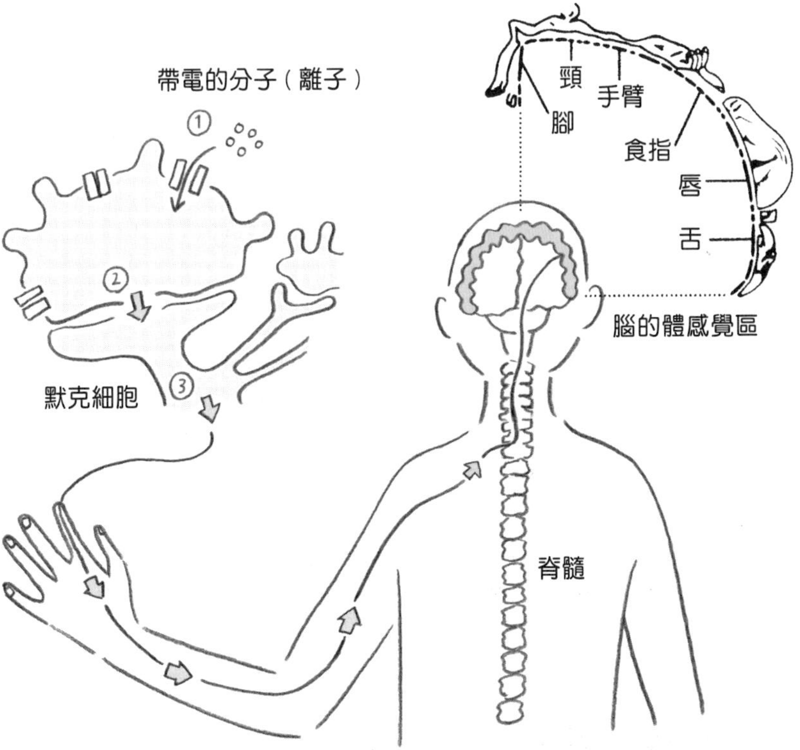

觸覺資訊抵達腦部的過程

① 當神經細胞因壓力或振動變形後，細胞膜的小孔（離子通道）便會開啟，使離子流入，並導致細胞內外的電位改變（即「細胞興奮」）。觸覺資訊的傳達就是透過這樣的「興奮」狀態接二連三地傳導下去。

② 神經細胞與神經細胞之間是由「神經傳導物質」作為資訊傳遞的媒介。

③ 手臂的感覺神經是由將近 1 公尺長的神經細胞連接至脊髓，再從脊髓經過視丘抵達腦的中央後回（從頭頂到耳朵的範圍，即「體感覺區」）。左手的資訊會傳遞到右腦。來自全身的資訊在體感覺區整齊排列，因此又被稱作腦的「身體地圖」。

說法。

舉例而言，就像家裡的電燈泡會經由好幾條電線連接到同一個配電箱一樣，從外面看來是個非常單純的配電箱，但裡面有各種電線縱橫交錯。

像這樣因為某些刺激導致細胞「興奮」而傳達到腦，是動物在產生感覺時的基本機制。不僅是觸覺如此，其他五感的基本原理也一樣。

言歸正傳，麻醉藥是由化學物質所構成，而這種化學物質的特性，就是能夠堵住分布在細胞表面的小孔。當小孔被堵住以後，神經細胞就不會興奮，觸覺或痛覺也不會被傳遞至腦部，所以麻醉以後才會失去感覺。順帶一提，河豚毒素同樣也會堵住離子通道，因此吃了河豚的人也有可能會痲痺而亡。

好了，那如果經過麻醉以後，用毫無感覺的手指握住雞蛋的話，你認為會發生什麼事呢？答案就是會比平常更用力握住雞蛋，結果導致雞蛋被捏破。原因或許是因為我們在握住像雞蛋這種容易摔破的東西時，更會擔心自己有沒有握好，結果反而導致施力過度。

想用適度的力道迅速握住或靈活操作物品，光靠視覺的調節是不夠的。由細微的皮膚感覺所產生的觸覺回饋，也支持著我們的日常生活。雖然平常不易注意到，但每當受傷或生病時，便會意識到其重要性。

2-2

玩玩看在手心寫字的猜字遊戲，然後換在背上寫字

——觸摸身體感覺遲鈍的部位與感覺敏銳的部位

小的時候應該都有玩過二人一組在手心或背上寫字，然後要另一個人猜寫了什麼的遊戲吧？

有一組行為藝術作品就是以這種遊戲為靈感來源，請見左圖及次頁的說明，在這組被稱為「二階段傳達畫」的作品中，父親在兒子背後畫線，再由兒子憑著背部的感覺在面前的牆上畫線。

在這組作品當中，觸覺本身就是畫布兼畫筆，並明顯反映出皮膚同時作為輸入器官與輸出器官的特徵。另外這組作品還有由兒子在父親背後描繪的版本，在身形相似的父親與兒子之間，輸入與輸出的輪迴構成了這組作品的美。

我們也可以像這組作品一樣，由一群人透過背部進行觸感的傳訊遊戲。不過

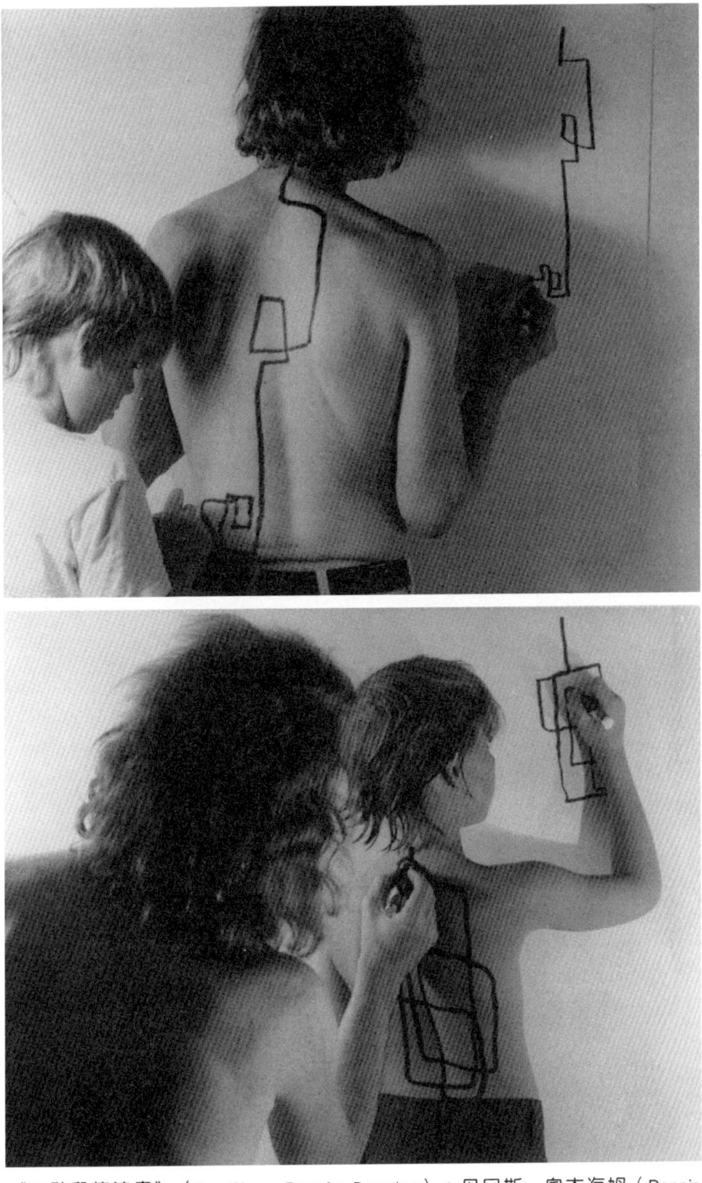

《二階段傳達畫》（*Two Stage Transfer Drawing*）；丹尼斯・奧本海姆（Dennis Oppenheim）紐約現代藝術博物館，1971 年。

丹尼斯・奧本海姆《二階段傳達畫（朝未來的狀態前進）》1971 年

2-Stage Transfer Drawing. (Advancing to a Future State).1971

Boise, Idaho. Erik to Dennis Oppenheim.
As Erik runs a marker along my back, I attempt to duplicate the movement on the wall. His activity stimulates a kinetic response from my sensory system. He is, therefore, drawing through me. Sensory retardation or disorientation makes up the discrepancy between the two drawings, and could be seen as elements that are activated during this procedure. Because Erik is my offspring, and we share similar biological ingredients, my back (as surface) can be seen as a mature version of his own…in a sense, he contacts a future state.

當艾立克用麥克筆在我的背上畫圖，我試著將他的動作複製在牆壁上。他的行動刺激我的感覺系統做出動力的回應。換言之，他正在透過我作畫。感覺的延遲或方向迷失雖然會讓二組（艾立克與我的）畫之間出現差異，但也可以將之視為這組傳達畫過程中被活化的本質要素。由於艾立克是我的兒子，我們之間擁有極為相似的生物成分，因此我被用來當作界面的背部，也可被視為艾立克長大成人以後的背部……從某種意義上而言，他正在接觸自己未來的狀態。

丹尼斯・奧本海姆《二階段傳達畫（回歸至過去的狀態）》1971 年

2-Stage Transfer Drawing. (Running to a Past State).1971

Boise, Idaho. Erik to Dennis Oppenheim.
As I run a marker along Erik’ s back, he attempts to duplicate the movement on the wall. My activity stimulates a kinetic response from his memory system. I am, therefore, drawing through him. Sensory retardation or disorientation makes up the discrepancy between the two drawings, and could be seen as elements that are activated during this procedure. Because Erik is my offspring, and we share similar biological ingredients, his back (as surface) can be seen as an immature version of my own…in a sense, I make contact with a past state.

當我用麥克筆在艾立克的背上畫圖，他試著將我的動作複製在牆壁上。我的行動刺激他的感覺系統做出動力的回應。換言之，我正在透過他作畫。感覺的延遲或方向迷失雖然會讓二組（我與艾立克的）畫之間出現差異，但也可以將之視為這組傳達畫過程中被活化的本質要素。由於艾立克是我的兒子，我們之間擁有極為相似的生物成分，因此他被用來當作界面的背部，也可被視為我尚未成熟前的背部……從某種意義上而言，我正在接觸自己過去的狀態。

即使專注地感受背部的觸感，應該也很難正確重現原始圖案吧？

在猜字遊戲當中，即使寫的是相同大小的文字，背部的正確率也比手心低。這是因為不同的身體部位，感受觸覺的能力也不同。

在此我們想介紹這種觸覺感受力，亦即「觸力」的測量法。以往設計出來的觸力檢查，大致上可分為二種方法。

最廣為人知的測量法就是「兩點覺閾」。檢查的方式是將受試者的眼睛遮住，用二根針的尖端給予刺激，並詢問受試者剛才感覺到的刺激是一根針還是二根針。一開始將刺激點設在距離較遠的位置，然後慢慢縮短距離，受試者最初會感受到二點，但不知不覺間會感覺只剩下一點。此時的距離就是衡量「觸力」的指標。這是一種測量空間解析度的檢查，距離愈短的人，觸覺愈敏銳。

兩點覺閾在指尖大約是二、三公厘左右，背部則是四十公厘左右。*簡單計算下來，手指與背部的觸力差了二十倍之多。

埋在皮膚底下的觸覺感受器的數量也是，鼻尖、嘴唇、手分布較多，手臂、腿、背部分布稀疏。腦的體感覺區也不例外，接收手指或臉的資訊的部分，占有的比例特別高（參照六十一頁的圖）。由此可見，手的觸覺對人類非常重要。這也讓人想起一種說法，就是直立二足步行讓雙手得以自由運用，是促使人類腦部複雜化的主因。

另一種觸力檢查法是用施加壓力的方式，依據能夠感受到壓力的最小值去決定感覺閾值。數字愈小，代表愈能夠感受到較輕微的壓力，感覺也就愈敏銳。可以說是一種與聽力檢查相似的檢查法（聽力檢查是從低音量開始逐漸放大音量，測量在哪個時間點可以聽到聲音）。

接下來比較一下兩點覺閾的圖與壓力閾值的圖。在測量空間敏感度的兩點覺閾圖中，手指的感覺最為敏銳，其次是嘴唇。另一方面，在壓力閾值的部分，臉頰、嘴唇、鼻子、額頭等臉部周圍的敏感度則比手指還高。

歐美人有一種問候的方式叫「bises」，是親密友人之間以臉貼臉而非握手的方式打招呼，從前文應可明白，為什麼臉頰會被用來打招呼了。此外，臉部還有很多可以將愉悅感傳導至腦部的神經（C纖維）。我也曾用這種方式與人打過幾次招呼，每次都讓我有種受到重視的感覺，內心彷彿湧出一股暖流。

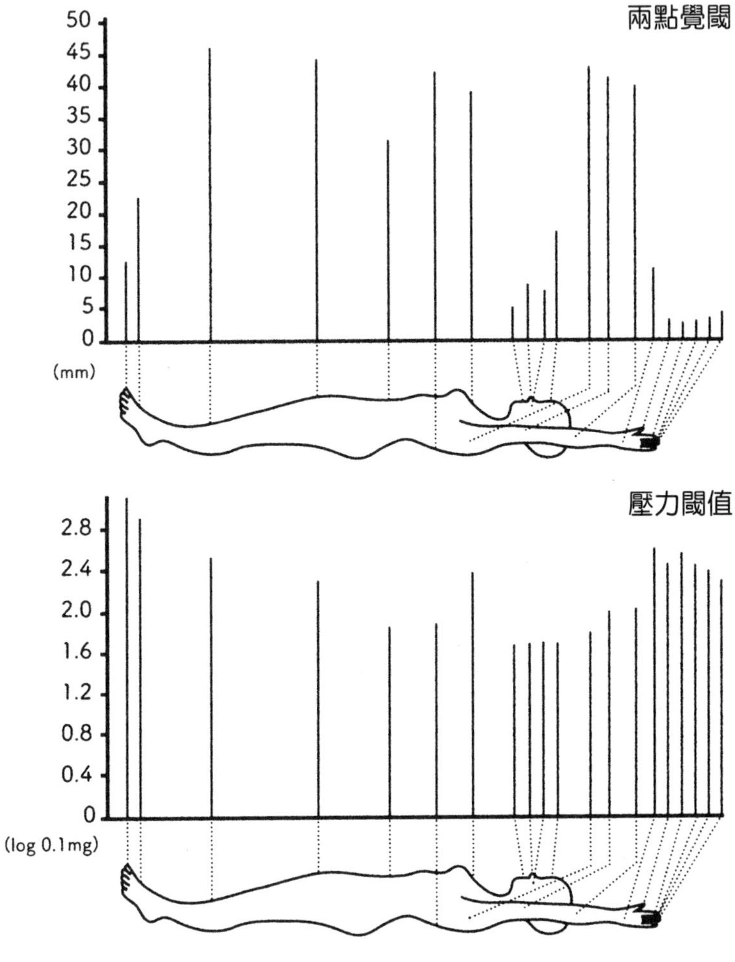

2 種觸力檢查〔根據溫斯坦（Weinstein）1968 年的研究結果製成〕

此處應注意的是，兩點覺閾與壓力閾值都是數字愈小（圖表中的直線愈短），愈能獲得細微的資訊（也就是觸覺敏感度愈高）。從圖中可知，在測量空間敏感度（空間解析度）的「兩點覺閾」中，手指是感覺最敏銳的部位。另一方面，在測量對壓力的敏感度的「壓力閾值」中，則是臉部周圍或肚子的感覺較為敏銳。

2-3

摸摸看自己的頭髮，你能感覺出數微米的差異嗎？

——觸感是結合空間認知與時間認知的能力

女性對於化妝品的任何一點濃稠感或粉感都非常敏感。即使是男性無法區別其中差異的商品，只要商品內容有一點改變，女性都能敏銳地察覺到肌膚的緊繃感或頭髮的毛躁感。這樣看來，浴室或洗臉盆或許可說是觸感的實驗室。

我們人類的觸覺究竟有多細膩呢？

每個人應該都有過這種經驗吧？莫名覺得腳底下怪怪的，抬起腳來一看，結果發現一根頭髮掉在地上。一根頭髮的粗細只有數十微米（微米是千分之一公厘）而已。即使是這種極細的線條，人類也能夠敏銳地感覺到。

毛髮表面有一種叫「角質層」的鱗狀物質，是只有數微米的波浪狀結構。如果是健康的毛髮，角質層會規律地排列在一起，但若是受損的毛髮，則角質層的高度會參差不齊，寬度也凌亂不一。

我們究竟能否經由觸摸感受到其中的差異呢？可以的話，請摸摸看旁人的頭髮，親自確認一下吧。

在一項化妝品科學的研究中，為了調查頭髮的觸感，研究員在一種叫聚醯亞胺的合成樹脂板上進行細微的加工，製成角質層構造的模型。模型分成①規則排列的細溝（寬十微米、深一微米）與②不規則的細溝（寬十到三十微米、深一到三微米不等）二種，然後讓不同的人觸摸板子。結果有較多的人認為，②的不規則排列摸起來比較毛躁，有種說不出來的不快感*。

其後也發現，正如前文所述，女性的觸感更為細膩。皮膚科學家傳田光洋曾安

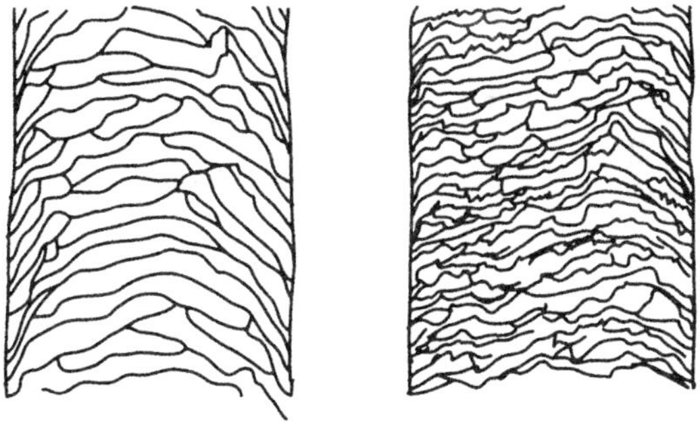

頭髮的角質層構造

左邊①是健康的毛髮。右邊②是受損的毛髮。
受損毛髮的角質層剝離，呈不規則排列。

排研究室的男女各十人，觸摸聚醯亞胺板製成的毛髮模型，並請他們回答哪一種摸起來比較不舒服。結果男性的意見出現分歧，但十名女性全都回答②的不規則模型版摸起來比較不舒服。

但在兩點覺閾（參照六十一頁）的觸力檢查中，指尖的結果是二、三公厘。即使手上感覺觸感的生物感測器分布再細，也有數百微米單位的距離，為什麼人類卻能憑藉觸覺分辨出數十微米單位的物體呢？

理解此現象的關鍵就是，測量兩點覺閾的檢查是在身體靜止的狀態下進行的，但我們在實際觸摸物體時，不會只把手按壓在上面，而是會花一段時間移動手指觸摸物體。

在手部的觸覺感受器當中，有二種對振動刺激感受特別敏感的感覺器官（梅斯納氏小體與巴齊尼氏小體）。換句話說，比起單純把手指放在物體上，用手指來回觸摸物體表面使手指振動，比較能夠感覺到細微的差異。此外，自己移動手指來回觸摸，這樣的資訊也很重要。因為透過自己主動觸摸，可以獲得比兩點覺閾中測得的觸覺解析度更細微的資訊。

如前所述，相較於其他感官，觸覺擁有一項有趣的特徵。視覺擅長掌握空間資訊，聽覺擅長辨識聲音的時間變化，觸覺擅長的則是結合空間與時間處理資訊。

此外，關於人類之所以能夠感知到比觸覺感受器密度更高的細微物體，傳田光洋建立了這樣的假說：除了目前的討論中常見的觸覺感受器，或許每一個組成皮膚表皮的角質細胞都有感知物體的機制。其後，一篇由美國研究團隊在二〇一五年發表的論文證實，角質細胞確實會引發疼痛的感覺*。由此可證，皮膚細胞不僅如我們以往所認為的只會形成皮屑剝落而已，還是一種能夠感知外界並掌管皮膚感覺的感受器。

2-4

善用觸覺感受器的機制
提高敏感度

——適度的雜訊有助於提高敏感度嗎？

請先用熱水溫暖雙手，然後試著觸摸看看周圍的各種物體吧。觸感有任何變化嗎？

其實，當手的溫度提高，觸覺的敏感度也會提高*。在室溫二十度的環境裡，將手浸泡在熱水中，讓皮膚的溫度提高到三十至四十度，此時感受二百五十赫茲振幅的能力會提高二到六倍。

為什麼溫熱雙手可以提高觸覺敏感度呢？

前文提到，觸覺的生物感測器要運作，必須由帶電離子通過細胞的空心通道進入內部（五十二頁）。此外，當資訊透過神經細胞逐一傳導下去時，也必須由一種叫神經傳導物質的化合物作為橋梁，連接起細胞與細胞之間的空隙，又稱「突觸間隙」。

這些離子或神經傳導物質的交互作用會在溫度高的時候變活躍。反之，溫度一旦變低，離子的交互作用則會變慢。這就是為什麼溫度高的時候，觸覺的敏感度會比較高的原因。

附帶一提，皮膚變溫熱以後，會出現一種刺刺癢癢的感覺，據信是因為埋在皮膚底下的末梢神經（C纖維）的活動變得比常溫時活躍，因此才會稍微觸碰一下就產生回應。

提高觸覺敏感度的因素並非只有溫度而已。當手指處在非常微弱的刺激狀態下接觸物體時，也會因為一種叫「隨機共振」的現象，而感覺到原本感覺不到的刺激*。

目前已有報告**指出，若在手背或手腕處，裝上幾乎感覺不到的微弱振動裝置，則感受壓力的能力會提高，亦有報告***顯示兩點覺閾值會下降（即可以感覺到更細微的物體）。

什麼是隨機共振呢？隨機共振就是在有雜訊擾亂訊號的情況下，測定訊號的精準度會提高，這在腦科學或電子工學等各種領域都是已知的現象。為了讓大家更容易理解，以下就來介紹一項匙吻鱘的實驗吧。

匙吻鱘的吻部細長，又稱槳吻，牠們用這個部位感應水蚤或小蝦在肌肉運動或心臟跳動時所發出的微弱電訊號。

在實驗當中，研究人員對匙吻鱘所在的水槽，以雜訊的型態釋放出微弱的電訊號。由於雜訊會干擾到水蚤發出的訊號，因此自然可以預期訊號的感知難度會變高。不過實際實驗後卻發現，匙吻鱘竟然能夠捕捉到比平常更多的水蚤*。

造成這種現象的原因，我們可以提出這樣的說明：對低於匙吻鱘所能感應到的訊號（即「感覺閾值」）施加雜訊，能夠隨機增強訊號，使得部分訊號超出閾值，因此匙吻鱘便可感應到水蚤所在的位置。

雖然乍看之下好像是一種干擾，但適度的雜訊反而能夠凸顯突出物的存在，提高感測力。可見生物將這種機制徹底運用在對外界的感知上。

觸覺的隨機共振現象也開始被活用在臨床現場，例如目前已有人成功透過輕微電擊腿部的方式，幫助體感覺功能衰退的高齡糖尿病患者，重新恢復觸覺的敏感度**。

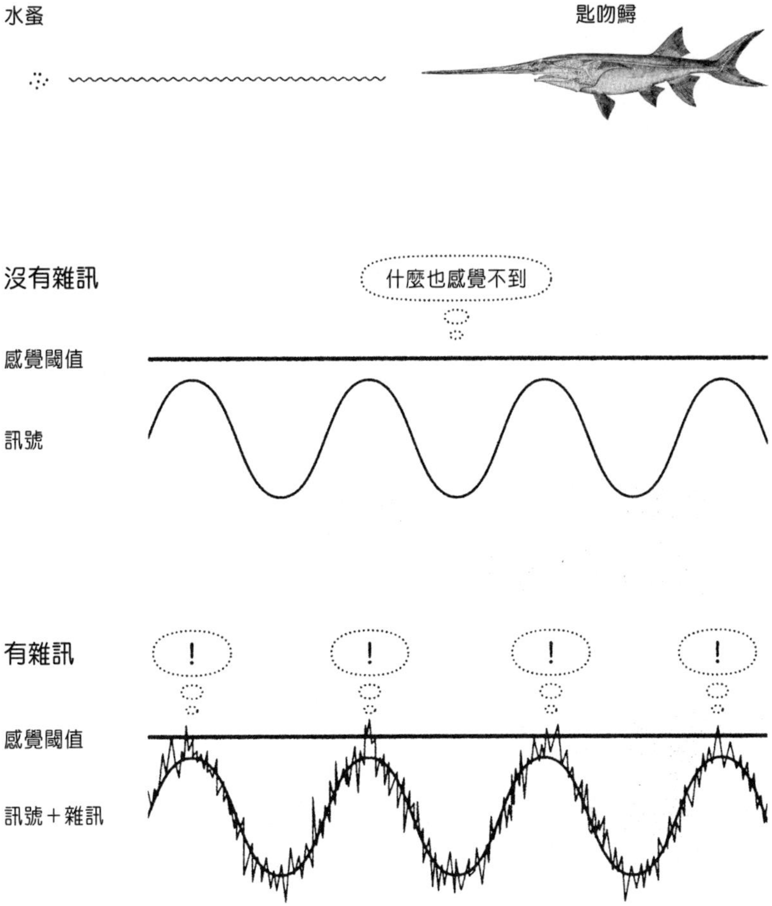

隨機共振的原理

匙吻鱘可以感覺到水蚤發出的微弱電訊號。當訊號低於匙吻鱘可以感測的範圍（感覺閾值）時，匙吻鱘感覺不到任何東西。然而加入讓訊號不規則振動的雜訊以後，便出現達到可感測範圍的訊號（圖中「！」的部分）。

2-5

觸覺也有錯覺嗎？

——觸覺會說謊

一朝被蛇咬，十年怕草繩——每個人多少都有這種「看錯」的經驗吧？視覺或聽覺以光或空氣作為傳遞對象資訊的媒介。不知是否因為如此，看錯、聽錯或幻覺、幻聽等用詞皆被廣泛使用，實際在日常生活中應該也有很多這類的經驗吧？

那麼，請問你有聽過「摸錯」或「幻觸」這種說法嗎？觸覺是直接碰觸物體，不透過任何媒介所產生的感覺。就像捏臉頰的疼痛讓我們知道「這不是夢」一樣，觸覺可說是能夠證實外界物體存在最具說服力的感覺。正因如此，觸覺才會是嬰兒最先倚賴的感覺。如果能夠觸摸到幽靈的話，或許我們就會開始懷疑，究竟能不能將確實「存在」在那裡的幽靈，繼續稱作「幽靈」了吧？

以下就來介紹一種現象，這種現象足以顛覆我們對觸覺如此深信不移的信賴感。

對熱愛觸感的研究者而言，「絲絨手錯覺」（velvet hand illusion）是一種非常有名的現象。打網球的人，或許也會知道這種神奇的現象。

先用雙手夾住網球線，然後用重疊的掌心來回摩擦線材表面。

照理來說，應該只會感覺到掌心被卡在網格的觸感而已吧？然而實際嘗試之後發現，竟然有種滑溜溜的感覺。如果用布的種類來比喻的話，就好像在摸絲絨布的感覺一樣。

儘管有許多研究者關注，但至今依

然沒人能解釋造成這種現象的原理。不過這種現象似乎只有在球拍另一側是與人類肌膚構造相似的物體時才會發生。如果把與人類肌膚構造相似的素材（例如橘子）放在球拍另一側時，就連橘子都會讓人產生絲絨手錯覺（請參考名古屋工業大學佐野明人博士的研究*）。

此外，研究也發現，能夠造成這種現象的不僅限於網球線的菱形構造，即使只是用雙手夾住並來回摩擦兩條線，同樣會產生觸摸絲絨的感覺**。

我們總以為自己在觸摸物體時，感覺到的是物體本身的型態，然而絲絨手錯覺卻推翻了這樣的常識，因為「手心與兩條線」顯然與柔軟的絲絨布料差了十萬八千里遠。

觸覺有時也會像這樣創造出與實際物理世界相異的知覺。我們皮膚感覺到的東西，不見得會如我們的感覺存在於世界上。這種觸覺的錯覺——「觸錯覺」雖然比錯視或錯聽少，但至今為止發現的種類也已經超過五十種以上了***。

2-6

體驗看看橫豎不分的指尖錯覺

——我們的手指比想像中隨便？

請準備一把梳子，旅館那種免費拿取的簡便梳子也沒關係。接下來請將手指放在梳齒上面。手指放好以後，請用手指或筆尖水平（橫向）畫過梳齒的根部。

有什麼感覺呢？很多人的回答都是放在梳齒上的手指，有種被按壓的感覺。但稍微想一想會覺得很奇妙，梳子的前端只是以水平方向彈過手指的皮膚，並沒有垂直延伸，可是感覺起來卻像梳齒在刺手指一樣*。這究竟是怎麼

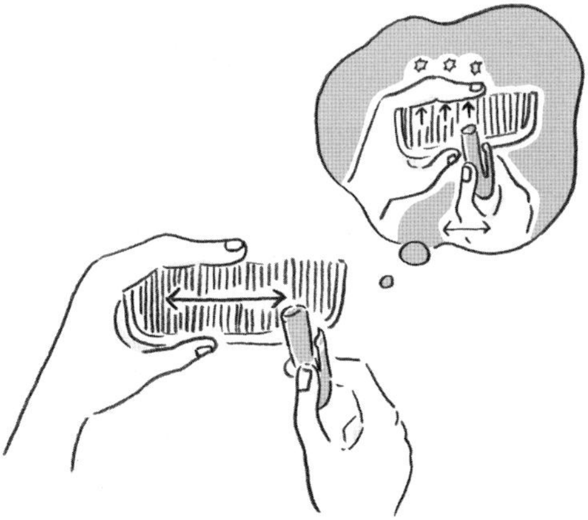

一回事呢？

雖然這個事實讓人有些意外，但人類的觸覺無法明確區別垂直方向的力量與水平方向的力量。埋在我們皮膚底下的生物感測器，似乎並不在意皮膚被牽拉的方向。所以才會出現這種明明被橫向牽拉，卻感覺像是被按壓似的現象。

我曾經發現一種觸覺的錯覺叫「魚骨錯覺＊＊」並把它重現在本書封底，請務必用手指順著箭頭上下摸摸看。

這個像魚骨頭的圖形是用特殊的印刷方式製成，大約凸起數十微米。然而，當我們上下撫摸這個圖形的中央線部分時，儘管實際上是凸出來的，摸起來卻有凹陷下去的感覺。

這種現象可用前述的梳子錯覺加以說明。

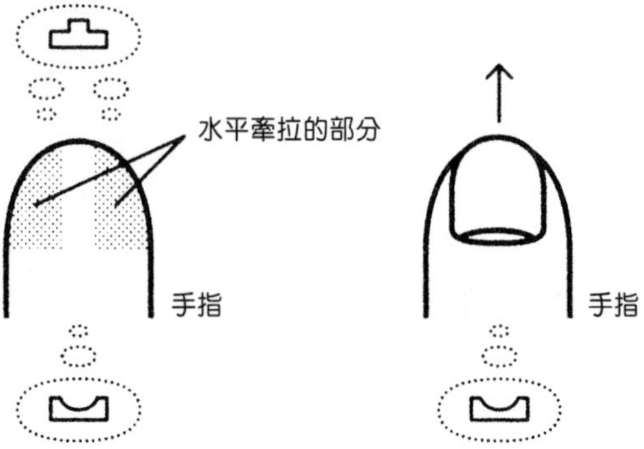

魚骨錯覺

圖中灰色部分只隆起 0.1 公厘，但當手指上下撫摸圖的中央線部分時，指腹卻有凹陷的感覺。原因可推測為手指兩端被水平牽拉而產生「凸」的錯覺，所以相對之下，手指的中央部分便有凹陷的感覺。（請見本書封底）

請看右頁的圖。當手指上下撫摸時，手指的兩端會因為圖形凹凸的關係，被以水平方向牽引，如此一來，由於皮膚無法分辨水平方向的牽引力量與垂直方向的按壓力量，因此人類會覺得手指的兩端好像正受到凸出來的形狀刺激，反觀手指的中央部分並沒有受到什麼特別的刺激，於是奇妙的事情來了，此時人類感覺到的，不是手指兩端有凸出來的形狀，而是相對覺得正中央是凹陷下去的。

我最初發現這種錯覺的契機，是在研究觸覺型錯覺是否能像著名的錯視圖「卡尼薩三角形」那樣，讓人感覺到原本並不存在的形狀。

當時我正在研究，●的形狀究竟要拉得多遠，才不會感覺那是一個●，於是當我在鋁板上隨意製作出各種形狀的模型時，無意間做出

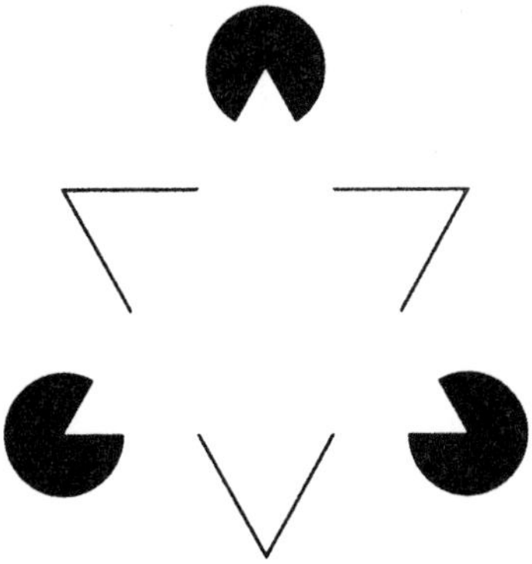

卡尼薩三角形

中央看起來好像有一個白色的三角形。這種物理上不存在的輪廓就稱「主觀輪廓」。白色三角形看起來好像在最上層，感覺比背景還白。

了魚骨的原型。剛發現的時候，由於凹陷的感覺實在太過自然，我還確認了好幾次是不是自己弄錯了什麼。在深入研究之後，才確認自己發現了這個意料之外的觸覺現象。

蘋果公司在二〇一五年開發的taptic engine，應用的就是手指無法區別橫豎的特性。這種搭載在Apple Watch或Mac Book上的技術，是當你用手指觸壓觸控板時，儘管實際只按下不到一公厘，卻能產生像是在觸壓真正的按鍵的觸感。實際上，內建在裝置中的振盪器會施以手指橫向的振動，但手指會把橫向的力量誤認為縱向，所以才會產生觸壓按鍵的感覺。關掉電源的話，這種虛擬點擊感當然也會消失。

近來很常看到沉溺在手機遊戲世界的人吧？感覺未來不僅有享受音樂與節奏樂趣的遊戲（通稱音遊），或許還會出現因為觸感很好，而讓人愈來愈無法自拔的遊戲（照樣造詞的話，就是觸遊）呢！

2-7

用食指和無名指接觸冰冷的硬幣時，連中指也會覺得冷？

——什麼時候會被感覺欺騙？

在溫度方面，也有人發表過錯覺現象的報告。

請試試看以下的實驗。在泡過冰水的二枚冰冷硬幣中間，放一枚常溫的硬幣，然後請將食指與無名指放在冰冷的硬幣上，中指則放在常溫的硬幣上。此時，中指有什麼感覺呢？

實際嘗試過的人，大部分都說中指的硬幣感覺也是冰冷的。這種溫度的觸覺型錯覺就稱「相互溫度參照現象」（thermal referral）。反

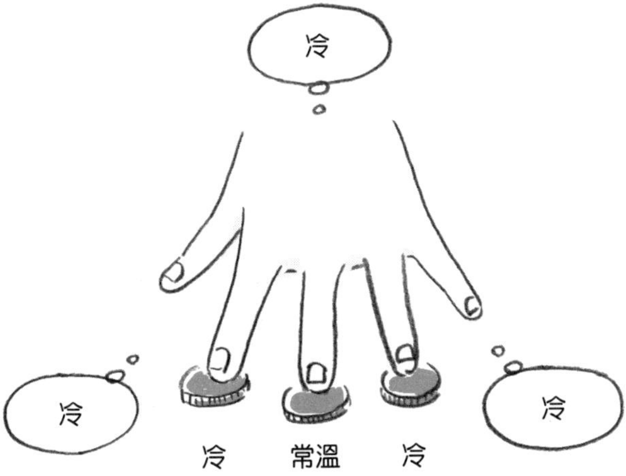

之，當硬幣依照溫熱、常溫、溫熱的順序放置時，正中間就會感覺是溫熱的*。我們指尖的溫度感覺器，原來無法應付每根手指溫度不同的狀況。

以「盲點」為例說明這個現象吧。所謂的盲點，就是視網膜上神經聚集成束，連接至視覺中樞的部分，這個部分沒有視細胞。既然沒有生物感測器，從原理上來說，抵達這個部分的光線資訊無法傳到腦部，視野有一部分是死角。

不過我們通常不會注意到視野有缺損，因為我們有二隻眼睛，其中一隻能夠彌補另一隻的盲點。不僅如此，即使遮住一隻眼睛，只用單眼看，依然能夠用周圍的視覺資訊來填補盲點。因此，我們並不會注意到盲點。

請遮住一隻眼睛，用單眼看次頁圖中的十字。把焦點放在十字上，並用周邊視野捕捉有直條紋的圓形，然後逐漸縮短圖版與眼睛的距離。如此一來，當圓形進入盲點的那一刻，圓形內部就會被背景色覆蓋過去。

據信觸感也會發生同樣的情形。以剛才的實驗而言，當溫度分布被配置為冰冷—常溫—冰冷時，「冰冷」就會彌補「常溫」。

在自然界當中，幾乎不會發生用三隻手指接觸物體時，唯獨中指溫度不同的狀況，所以應該也很少有機會注意到，原來中指所感受到的溫度會受到兩側的手指影響。在一般情況下，大腦會自動進行推測，讓我們以為摸到的溫度相同。

當我們像這樣置身在自然界中罕見的狀況時，有時就會出現一些奇妙的知覺。舉例而言，各位可以試著交叉食指與中指，然後去接觸看看任何物體（順帶一提，這個手勢在英語圈代表「祈求幸運」之意）。

這時，你會有種說不出來的奇怪感覺，明明你正在觸摸眼前的東西，卻又搞不太清楚自己正在觸摸的這個東西。接著請摸摸自己的鼻尖。明明是自己的鼻子，卻又感覺不太像自己的鼻子對吧？最後請閉上眼睛，慢慢將一根細長的棒狀物夾進指尖交叉的部分。你是否

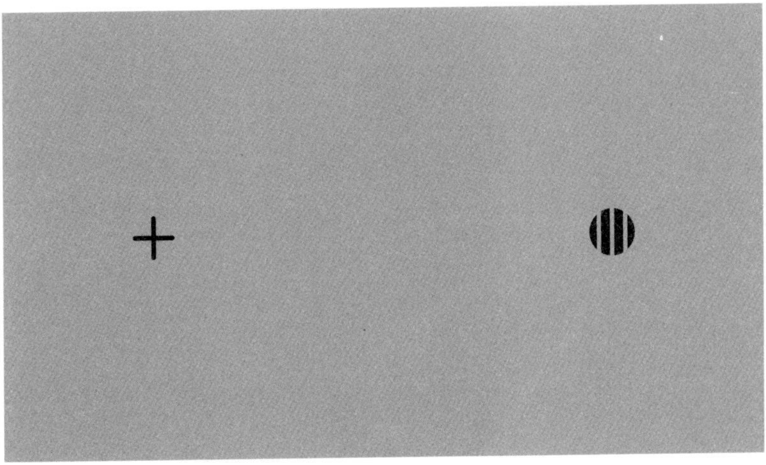

盲點圖

感覺到一根棒子變成二根了呢？這個現象是以最初的報告者命名，故稱「亞里斯多德錯覺」（Aristotle illusion）。

大腦創造的主觀世界在大部分情況下是值得信任的，但當我們實驗性地營造出自然界罕有的狀況，或刻意採取與平常不同的姿勢時，大腦也可能出現不適應的徵狀。

試著探索看看大腦創造的觸感世界有沒有任何破綻吧！說不定你也能發現新的觸錯覺喔。

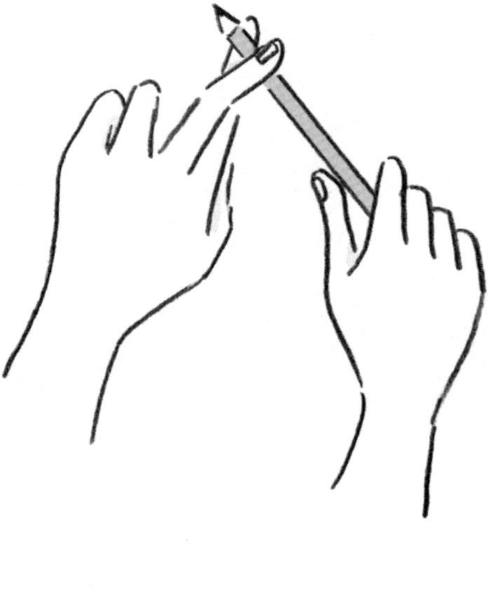

2-8

試著製造出前所未有的東西吧！

——或許有可能製作出「不冷冰冰的金屬」喔！

布魯諾．莫那利（Bruno Munari）的《幻想》（*Fantasia*）一書，是所有追求人類創造力的人必讀的文獻。誠如各位所知，莫那利以義大利為據點，創作出豐富的產品或插畫設計，以及培育兒童創造力的繪本。他也是一個對觸感有所堅持的人。

莫那利所謂的幻想，指的是「前所未有的東西」，也是創造「前所未有的東西」時，投注心血之人的能力。

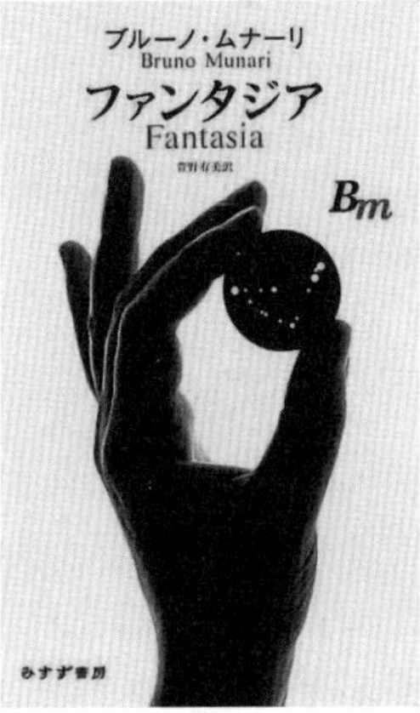

布魯諾．莫那利《幻想》
萱野有美譯；美鈴書房 2006 年

莫那利列舉出的幻想活動之例包括「把平常的世界顛倒過來」或「把一種東西複製成很多個」等等。身為觸感研究者，其中最能勾起我興趣的就是「交換材料」的項目。

莫那利舉出超現實主義藝術家梅瑞・歐本漢（Meret Oppenheim）的現成物體作品為例。在這組作品中，咖啡杯、湯匙和盤子上都包著一層羚羊的毛皮。藉由「交換」光滑的陶器與蓬鬆的毛皮，全新的物品就此誕生。

另外，像達利把時鐘畫得癱軟欲墜的作品也很有名。時鐘原本應該是外觀硬邦邦的，裡面的指針走得一絲

梅瑞・歐本漢《皮草的草餐（Le Dejeuner en fourrure）》1936年（紐約現代藝術博物館）

不苟又神經質，但變成這種模樣以後，看起來不免有種不協調的感覺。

我們也學習莫那利想像一下交換觸感吧？哪些東西如果改變觸感會很有趣呢？這裡以金屬的觸感為例想像一下吧。

你是否曾經有這樣的經驗呢？在醫院或學校觸摸到冰冷的金屬床或不鏽鋼架時，瞬間被冰冷的觸感嚇一跳。我們所感覺到的金屬材料感，最主要的關鍵就是這種冰冷的觸感。

傳遞「冰冷」的感覺神經分布在皮膚表面底下，是一種像傳達疼痛一樣，會在第一時間傳達保護身體資訊的神經。因此，當我們感覺到冰冷時，才會同時產生一種類似刺痛般討厭的感覺（順帶一提，傳達溫熱與冰冷的路徑不同，除非溫度過燙，否則會由另一種資訊傳達較慢的神經負責傳達）。

那麼如果金屬的冰冷觸感能夠被換成像接觸木材般的觸感，這時會發生什麼事呢？在這種情況下，日常生活中接觸金屬的厭惡感應該會減少吧。目前已經有一些觸感研究者在試做「不冷冰冰的金屬」。至於要如何實現這件事呢？關鍵在於人體感受溫度的機制。

人體表面溫度大約維持在三十二度，溫度比這個低的金屬就會讓人覺得冷。

不過，我們可以在金屬的表面刻出細溝，減少身體與金屬接觸的面積。如此一來，當身體的熱度不易被分散掉，皮膚的溫度就不會下降。透過這種方法，即使觸摸的物體是金屬，也能夠呈現出非金屬的觸感。

原本以為是金屬，一摸之下發現一點也不冷。這樣的研究將有機會改善醫療器材的觸感，或是讓機器人的觸感更接近人類的肌膚。

2-9

一邊觸摸水，一邊思考「水的觸感」

——觸感是複合式的感覺

洗手、確認洗滌衣物晾乾沒、洗澡……我們每天都理所當然似地「感覺」著水。但我們究竟是如何感覺到手「濕濕的」這種特性呢？其實，目前還沒有明確的答案。有些昆蟲可以透過觸角感知濕度，不過人類身上並未發現類似的感覺器官。

水的觸感非常有魅力，但這種「感覺」究竟是從哪裡來的呢？讓我們一邊觸摸水一邊思考吧。

山形大學的野野村美宗博士將人類如何感覺水的問題，命名為「海倫・凱勒問題」。之所以如此命名，是因為海倫・凱勒曾在感受到水滴落手中的那戲劇性的一刻，透過觸感理解了「water」這個單字的意思。野野村博士認為，觸摸

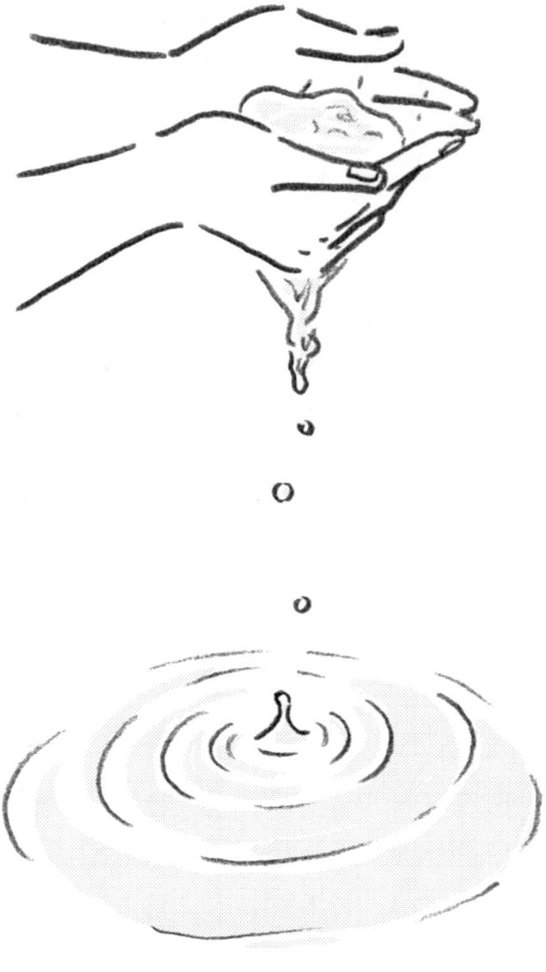

水的感覺是什麼？

水時手指摩擦的感覺，也就是手指滑了又停、滑了又停這種動作下的觸覺刺激型態，就是水的觸感要素之一*。

另一方面，也有人認為「冰冷」很重要。奈良女子大學的佐藤克成博士正在進行一項研究，內容是當布料稍微變冷而非變濕時，摸起來為什麼會有濕的感覺？的確，接觸金屬時那種冰冷的感覺，有時也會跟濕的感覺混淆，不是嗎？這個發現似乎可以應用在清涼感材質的開發上。

此外也有研究認為，原因或許與人類手指上的「指紋」有關。此處想介紹日產汽車與名古屋工業大學佐野明人博士的研究團隊共同開發的「柔軟觸感壓紋」技術。

日產汽車為了提升汽車內裝的觸感，特別研究人對什麼樣的東西感覺比較舒服。結果顯示，在軟硬度方面人們偏好「接近人類手指的軟硬度，或稍微再硬一點的程度」，粗細度方面則喜歡「凹凸紋路與指紋凹凸間隔相近的東西」。或許對人類而言，人體肌膚的觸感是所有觸感中最有魅力的吧。

因此，他們便開發出一種凹凸加工（又稱壓紋加工）技術，可以在塑膠的表面壓製與指紋間隔相近的紋路。這種新技術就是「柔軟觸感壓紋」。原本很硬的塑膠在經過表面加工後，觸感變得既溫潤又柔軟。目前不僅應用在Fairlady Z等高級車上，也開始適用在生產數量大的March車系。

為什麼觸摸柔軟觸感壓紋時，會有溫潤的感覺呢？

當我們接觸表面平整的物體時，只有指紋凸出的部分觸碰到物體，指紋構造深處並未受到刺激。不過如果是像水一樣包覆住手指的媒質，由於這種媒質會深入指紋深處，也就是凹陷的部分，因此會感覺到一種「溫潤」的觸感。那些經過柔軟觸感壓紋加工的表面，完美地重現了這種「包覆」的現象。

水的觸感之所以難以理解，或許是因為它和接觸物體表面的觸覺不同，並沒有明確的形狀。德國心理學家卡茲（D.Katz）把這種接觸無形媒質時的觸覺現象稱作「空間填充觸覺」*。若要再舉例的話，另外像是風的感覺，也可以說是一種空間填充觸覺吧。

水的感覺有「觸摸時的特殊動作」、「冷」、「包覆手指」、「沒有明確的形狀」等多種特徵。綜合這些感覺，就會得到「水獨有的觸感」。

2-9

將觸感如排列色鉛筆般分類

——觸感的主軸有哪四種？

滑溜溜、軟綿綿、黏糊糊、熱呼呼……我們透過接觸物體的動作，可以獲得各式各樣的感覺。雖然「觸感」好像多得不計其數，但這些從感覺中是否能整理出更基本的要素呢？

舉例而言，一般認為色彩有所謂的「三原色」，任何色彩都能夠還原為這三種原色。因為人類的眼睛有三種細胞，對特定的波長（紅、綠、藍）有反應，大腦再依據反應的組合去辨識色彩。

或者以味覺為例，甜味、酸味、鹹味、苦味、鮮味，這幾種就是「基本味」，舌頭上有不同的味覺受器，各自負責一種味道。

那麼觸感也有這樣的「原觸」或「基本觸」嗎？

有兩種研究方法可以回答這個問題，一種是以感覺器官的物理機制為出發點的工學式方法，另一種是透過問卷調查統計結果，以人類主觀感覺為出發點的心理學式方法。

東京大學舘暲博士的研究室，試圖以前者的工學式方法定義「原觸」。他們對連接默克細胞、梅斯納氏小體、巴齊尼氏小體的各種感覺神經，主要從皮膚上給予電刺激，並相信藉由合成這些電刺激所產生的壓覺、振動覺，乃至冷溫覺等數種「原觸」，最終即可任意重現任何一種觸感。

另一方面，也有人嘗試透過心理實驗辨明所謂的「基本觸」。在荷蘭的艾斯崔・卡帕斯（Astrid Kappers）博士的研究中，他蒐集了一百二十四種觸感各異的布料，讓受試者閉起眼睛觸摸布料，並請他們按照「相似度」分類出好幾組*。隨著實驗人數增加至十人以上，分類方向也逐漸出現一些特徵。根據這些分組的特徵，他們運用一種叫「多維標度法」的統計方法，發現分類方向有二大主軸，分別是「硬-軟」軸與「粗-細」軸。

此外，應慶義塾大學前野隆司博士的研究團隊，則用不同於卡帕斯博士的方法找到觸感的主軸**。他們的研究是讓受試者觸摸金屬、塑膠等二十種材料，然

硬－軟軸

Kachinkochin | Kachikachi | Gachigachi | Gotsugotsu | Gorigori | Baki! | Gowagowa | Palin!

Kutakuta | Kunikuni | Gunyagunya | Fukafuka | Fusafusa | Fukkura | Funyafunya

Fuwari | Hoyahoya | Yawayawa | Mokomoko | Mochimochi

粗－細軸

Zarazara | Bosoboso | Boroboro | Chikuchiku | Togetoge | Uneune | Tsubutsubu | Korokoro

Sarasara | Subesube | Tsurutsuru | Tsururi! | Toro! | Torotoro

乾－濕軸

Kasakasa | Gasagasa | Gabigabi | Kara! | Karikari | Sarari | Jikujiku | Basabasa

Gujyagujya | Gusyogusyo | Petapeta | Shittori | Shinashina | Shinnari | Buruburu | Dorodoro

冷－溫軸

Gingin | Ki-n | Su-su- | Hiyahiya | Bya! | Hinyari

Hokahoka | Howahowa | Hoyahoya | Honwaka | Nukunuku

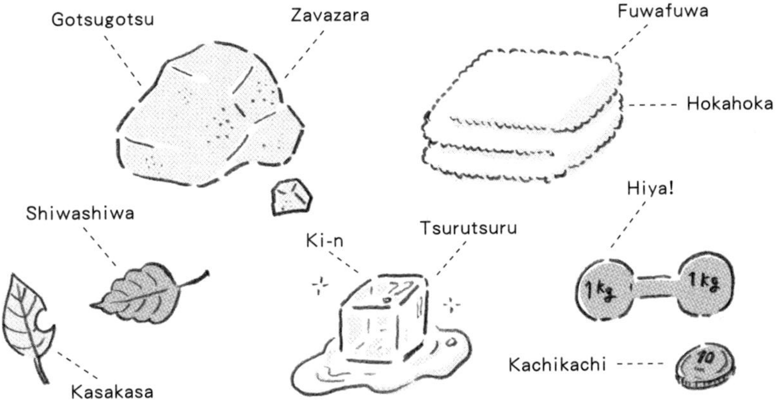

＊本頁以日文的象聲詞表現觸感

後針對「有彈性／無彈性」、「凹凸不平／表面平整」等十二項目，憑個人直覺打分數來評斷相符的程度如何。最後再用統計學的分析方式，找出軟硬、冷溫、乾濕與粗細這四種因子。這項研究認為，大約有百分之八十的觸感，能用這四個種類加以說明。

關於這些觸感的主軸，雖然研究家之間的意見尚有分歧，不過在「硬-軟」、「粗-細」和「冷-溫」方面，幾乎是共通的主軸。

收據、厚紙板、葉片、樹皮、膠帶、光滑的緞帶、紗布……在生活周遭蒐集自己喜歡的觸感，剪剪貼貼，製作一本專屬於自己的「觸感大全」吧！然後，你會用什麼樣的順序排列觸感呢？

在觸摸觸感蒐集樣本的時候，請試著從觸摸的感覺之中，體會看看「硬-軟」、「粗-滑」、「乾-濕」和「冷-溫」這四種主軸。此外，也可以一邊觸摸一邊思考，有沒有可能還有其他的主軸呢？

這四種主軸可以說明大約百分之八十的觸感，那麼剩餘的百分之二十又是取決於什麼呢？我們光靠觸摸物體就能立即區別觸感的機制，直到如今，依然未能揭開其全貌。

3

我們「感覺」到事物時，究竟發生了什麼事？

——共同感覺的觸感

五感有界線嗎？

各位在聽到風鈴的聲音時，是否曾產生「涼爽」的感覺，也就是感覺到觸感呢？或是在看到蒲公英的毛絮時，心裡想著「哇，軟綿綿的！」，吃辣的食物時，也聯想到尖銳的物品呢？

觀察一下我們在感覺出現當下發生的事吧！其實觸感不見得只在觸摸東西時才會產生，有時光靠外觀或聲音也能讓人自然地想起觸感。在這一章中，我們要把思考的範圍擴大，不再將觸感僅侷限於「皮膚」上。

首先，我想引用高村光太郎所寫的〈觸覺的世界〉（一九二八年）這篇文章來進入正題。高村光太郎是一名雕刻家，著有廣為人知的《智惠子抄》等詩集。

這位用手製作立體作品的雕刻家是名符其實的觸感專家。我們不妨從他的著作裡來尋找一些蛛絲馬跡。在這篇文章的重點部分，他說：「人有所謂的五官，但我的五官並沒有明確的分界。」以下請容我引用其中幾段內容：

> 仔細想想，色彩即觸覺，乃理所當然之事。光波的振動刺激網膜，依循

的就是最簡單的運動原理吧。繪畫當中的色調感，仔細一看其實也是觸覺。嘴巴雖然說不上來，但凡有色調的繪畫，皆有某種觸覺上的玄妙。……

音樂是觸覺的藝術更無須再提了吧？我聽音樂時，是用全身在聆聽。音樂打遍我的全身。……

氣味據說是一種微分子，而肥料的臭味是肥料的微分子飛進來，所以我聞氣味也是用皮膚聞。……所謂的嗅覺，在生理上肯定也是鼻黏膜的觸覺。所以才有非聯想式的形容詞，例如沉重的氣味、粗糙的氣味、滑嫩的氣味、黏稠的氣味、囉唆的氣味、屹立的氣味或燙傷的氣味。

味覺當然是觸覺。甜也是，辣也是，酸也是，名稱很粗略，實際上很難稱得上是準確衡量味道的觀念。金團的甜味就是金團獨有的滋味的觸覺，而不是來自摻入的砂糖的味道。

他說色彩、音樂、氣味、味覺都是觸覺，之後還繼續提到：「與其說五官是相互連通的，不如說它們幾乎全部都是由觸覺所統一的。」從高村光太郎的感覺來說，所有感覺世界的行為應該都是觸覺。

無論是光線、聲音、氣味或味道，人類對於資訊來源的物體，一律都是經由實際的「接觸」才感覺到其存在。這是每一種動物共有的、從外界取得資訊的方法。從這一層意義上來說，感覺的根本確實就是觸覺。

觸感於我而言，就像是「感覺的交會點」。正因為有觸覺，感覺體驗才有意義。接下來就從「觸感是綜合五感的體驗」的觀點出發，從多面向去思考難以捉摸的觸感吧。

3-1

試著矇住眼睛觸摸各種物體

——回到擁有語言以前的知覺

先在桌上準備葉片、布偶、啤酒瓶或橡膠枕等各種物品，然後閉上或遮住眼睛，試著摸摸看這些東西。

接下來，依序回想遮斷視覺時發生的事。

首先，在看不見的狀態下，我們會小心翼翼地觸摸東西，因為我們無法預測自己會摸到什麼。

伸出手之後，如果摸到什麼溫溫的、柔軟的東西，你一定會瞬間把手縮回來吧？

在這樣的狀況下，我們幾乎無法辨別「那是什麼東西」，只能任憑身體發揮原始的防衛機制，縮起手來以免遭遇任何危險。這時，心跳會加快，身體還會冒出冷汗。

接下來，假設我們小心翼翼地觸摸之後，發現那個東西似乎沒有危險。這時我們會仔細地觸摸它，同時把注意力集中在當下感覺到的知覺上。

它是硬的？粗糙的？磨砂的感覺？軟軟的嗎？重不重？尖銳嗎？

張開眼睛時一瞬間就能掌握的物體特徵，閉上眼睛時得全部摸過一遍才知道。

試著根據手所感覺到的零碎線索，建構出整體形貌。逐步比對拼湊出來的形貌與腦中的形象或概念。最後終於辨識出「這是筆」、「這是蘋果」。

這樣一試之下才發現，原來即使是

同樣的「觸感」，也會經歷過數個階段。首先是情緒性、原始性的反應，其次是感知形狀或材質，最後才辨識出那是什麼東西。

閉上眼睛時，需要一段時間才能辨識出形狀，從這件事即可知道，觸覺並不擅長辨識形狀。麻將的摸牌是用指腹去感覺牌面的圖形，據說內行人摸牌時，都是由大腦的初級視覺皮質區做出反應*，可見與視覺影像的連結或許是辨認圖樣的關鍵。另外也有報告指出，即使是視障人士在閱讀點字時，他們的視覺區同樣也會運作。

多數情況下，經由視覺獲得的資訊可以透過觸摸進行確認，而且凡是觸摸得到的物體，眼睛一定看得見。正如第一章所述，我們都是一面連結看得到的東西與摸得到的東西，一面獲取外在世界的知識。視覺與觸覺的連結非常強烈，我甚至認為許多被稱為觸覺的感受，事實上可能屬於視覺的範疇。

發跡於法國的暗房餐廳「Dans le Noir ?」是由視障人士負責帶位的餐廳，客人將在伸手不見五指的黑暗中進行用餐體驗。我也曾親自體驗過，因為裡面一片黑暗，所以無法用眼睛確認自己現在正在吃什麼。只能依靠手指的觸覺、氣味、味道和口感。連食物吃完了沒，都得用手指摸一摸餐盤才知道。玻璃杯可能會有摔破的危險，因此他們特地用塑膠材質的杯子裝水。人一旦遮斷視覺，便瞬間無法辨別「那是什麼東西」，只能重新回到觸覺的階段。

一九一九年創立於德國威瑪的設計學校「包浩斯」，有一門課程名為「材料與材質的學習」，就試圖在以視覺為主的設計教育中融入觸感與觸覺。

在某堂授課上，講師約翰．伊登（Johannes Itten）出了這麼一道課題——

先閉上眼睛觸摸各種材料，感受那些材料的材質，然後製作出與那些觸感有關的蒙太奇（由多種材料組合構成畫面的美術作品）。

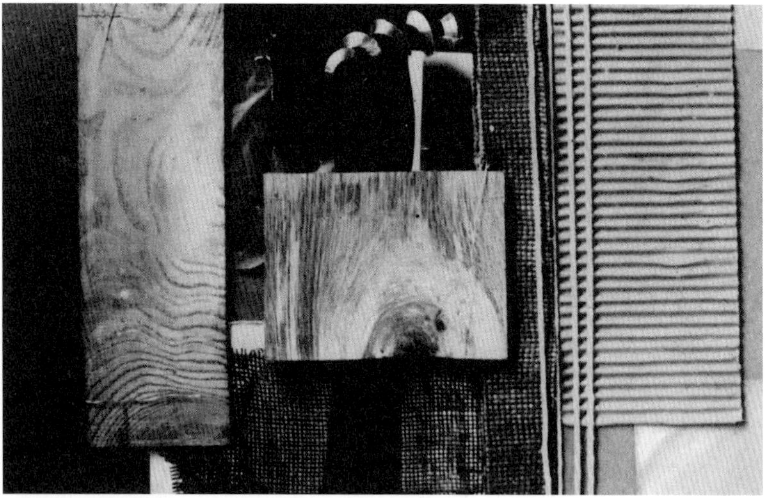
各種材料的蒙太奇（E. Bäumer, Berlin, 1927）

經由這堂課，學生們開始重新發現生活周遭的觸感，找到那些材質在以往倚賴視覺時不曾注意到的新面向。舉例而言，假如有一塊木頭材料，他們不會只確認「這是木頭的觸感」就結束了，他們開始注意到許多蘊藏在其中的豐富觸感：表面粗糙、有光滑面、有幾道溝紋、因為纖維質而顯得乾燥等等。

對身為教師的伊登本人而言，這門課程似乎也很新鮮。他說：「那是美好的工藝時代之始。新覺醒的冒險精神挖掘出無窮無盡的材質，和其各種組合的可能性等瑰寶。*」從這裡就能感覺出來，伊登在守望學生時有多麼喜悅。

閉上眼睛觸摸物體時，我們總是拚

由四方形所構成的材質畫（E. Hasbach, Berlin, 1927）部分截圖

命想釐清自己的感覺。然而，在得知觸摸物名稱的瞬間，我們就不再把注意力集中在知覺上了。

人學會使用語言後，就會移動到用語言理解眼前發生的感覺的階段（事實上，如果我們得花心思注意每一樣觸摸的物體，可能所有事情都無法順利進展了）。不過，藉由遮斷視覺的方式，暫時重回用符號語言辨識事物前的知覺世界，也是一種新奇的體驗。

3-2

用放大鏡放大東西，再摸摸看

——特寫能夠增強觸感

草莓的表面有許多「毛」——小時候用放大鏡觀察草莓並發現這件事以後，我就有一段時間不敢吃草莓了，因為每次含入口中的瞬間，一想到那些密密麻麻的毛，我就忍不住起雞皮疙瘩。

能夠放大物體的放大鏡，是人類歷史上革命性的發明。它讓我們發現了超過肉眼極限的鮮明視界。那些經過特寫的影像，比我們肉眼所捕捉到的畫面更真實也更正確，從而全面改

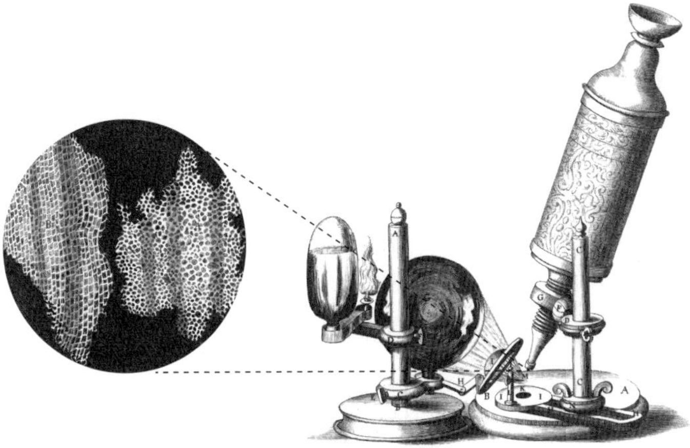

寫了人類的知覺世界。

我也曾整天黏在光學顯微鏡前度過好幾年的時間，我認為醫學領域的解剖學有趣之處，就在於可以一睹生物與生俱來的某種構造美。我總是一邊看著顯微鏡下的世界，一邊想像如果能夠觸摸的話，究竟會是什麼樣的觸感。

一邊用眼睛觀察一邊觸摸，甚至一邊觀察一邊觸摸經過特寫的東西，有提高觸覺敏感度的效果。以下來進行一項簡單的實驗吧。

首先，請人用筆尖或毛筆等工具，輕輕畫過自己的手背或前臂的內側，並請牢記這種感覺。接著，同樣請對方重複這個動作，但這一次請透過放大鏡觀

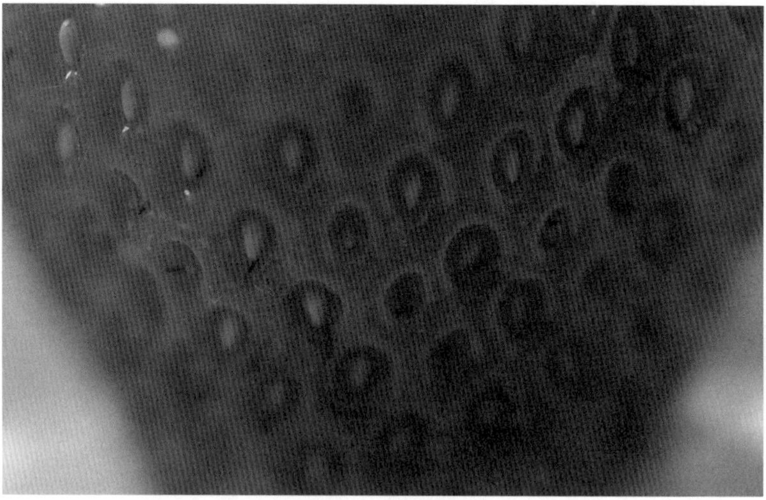

放大鏡下的草莓表面

察自己被接觸到的部位。這一次的觸感如何呢？有沒有覺得看著筆尖纏住體毛的樣子，或是毛筆一根一根畫過皮膚的樣子，那種搔癢或柔軟被放大的感覺，似乎讓你能夠注意到更為纖細的觸感了？

在進行兩點覺閾檢查以測量觸覺的空間解析度時，通常都是閉著眼睛進行，因為如果眼睛看著針尖與皮膚接觸之處，視覺將會彌補觸覺，此時觸覺也能夠感受到幾乎與眼睛所見的細度相同的細度，如此一來，觸力檢查就毫無意義了。

舉例而言，手臂的觸覺比指尖的觸覺遲鈍許多，手臂的兩點覺閾是三十到四十公厘。也就是說，在大部分情況下，二個距離三公分遠的刺激點，感覺就像只有一個刺激點而已。但是視覺總是扮演著彌補觸覺的角色，所以大部分人都不會注意到手臂的觸覺有多遲鈍。

倫敦大學研究身體感覺的派屈克・哈德格（Patrick Haggard）博士的研究團隊，在進行兩點覺閾檢查之際，決定讓受試者只在針尖接觸到手臂的前後看到手臂（如前所述，如果讓受試者看到針尖接觸到手臂的瞬間，就會變成與視覺相同的解析度，因此他們不讓受試者看見針尖接觸的瞬間）。結果發現，比起閉著眼睛檢查，兩點覺閾平均降低四公厘（也就是感覺變得更細膩了）*。

除此之外，他們還用放大鏡放大手臂，同樣不讓人看見針尖接觸的瞬間，只開放其前後，以此方法測量兩點覺閾。結果平均下來，兩點覺閾竟比平常還改善了十三公厘。

明明沒看見針尖接觸的瞬間，為什麼會發生這樣的結果呢？以下純粹是我個人的推測，原因恐怕是因為想像力對觸覺造成了影響。

眼睛看見針尖接觸前後的畫面，即使實際上並沒看到接觸的瞬間，我們還是會在無意識之間想像那一瞬間的視覺畫面。除此之外，在用放大鏡放大手臂的實驗當中，大腦還會在兩根針的距離比實際放大的狀態下進行想像，因此較

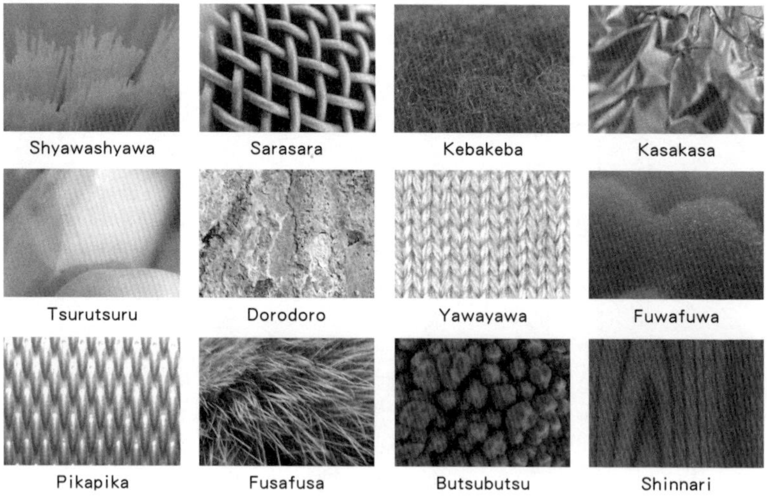

放大鏡下的各種材質

不容易把兩根針的刺激感覺成同一點的刺激。這個有趣的實驗用數字反映了想像力如何實際提高觸覺的空間解析度。

觸感就是像這樣由觸覺刺激加上視覺資訊，甚至再加上一點想像力所形成的。

上述雖然只是前臂部分的實驗結果，但指尖部分應該也可預期得到同樣的效果，另外像粗糙、光滑等觸感的「質地」，或許也可以透過對表面構造的視覺想像提高敏感度。

最近市面上已經可以用便宜的價格，購買到安裝在智慧型手機上的微距鏡頭。各位不妨試試看給生活周遭的物品來個特寫，拍下各式各樣的觸感寫真吧。相信這不僅能帶你發覺物品的新面貌，還能夠幫助你提升你的觸感力。

3-3

靠眼睛觀看也能「觸摸」繪畫？

——觸覺已無意識地融入視覺

我們都習慣從物品外觀聯想到觸覺手感，但仔細想想，這難道不是一種非常了不起的能力嗎？這種能力經常被我們運用在欣賞繪畫的時候。

在繪畫的世界裡，有油畫材料、水彩畫材料、粉彩、墨水等等，繪圖時選擇的材料不同，就會創造出不同的觸感。因此，觀察實物或其複製照片時會有截然不同的感受。

特別是在西洋繪畫當中，畫家的筆觸能夠創造出與畫材本身完全相異的觸感。究竟光靠色彩如何能表現出花瓣、絲綢、玻璃、陶瓷等物體的質感呢？尤其在畫出比眼睛所見更為細緻的超現實主義繪畫當中，經常會有讓人不由自主想伸手觸摸的真實感呢！

不僅是質感而已，捕捉物體的三度空間形狀也是觸覺的任務。活躍於十九世界下半葉的畫家塞尚曾說：「我用圓柱體、球體和圓錐體來處理自然。*」我想他的意思是：把自然視為有形而觸碰得到的物體，而非投影在眼睛裡的色彩（印象）畫在畫布上。這裡所舉的圓柱體、球體和圓錐體，應該只是用來代表可以用手抓取的形態而已。當中真正的涵義是正因為我們有身體，才能夠感知物體的輪廓。

透過觸摸感知的三度空間形態的形象，存在於人類的腦海裡。之所以感覺像是重現在二度空間的畫布上，是因為我們的知覺相當發達，所以只要用可以喚起立體記憶的方法畫出二度空間的繪畫，就能夠從畫中感覺到三度空間的構造。

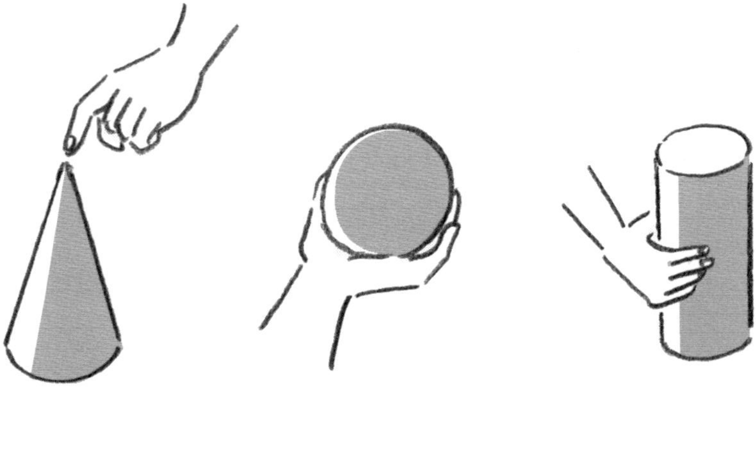

最簡單的範例就是「奈克方塊」。當我們看見這樣的圖，我們會把它認知為立方體而非線條的集合。優秀的畫家運用二度空間的視覺表現，開發出一套傳達我們所感覺到的三度空間形象的方法。

塞尚還說：「描繪自然不是複製對象，而是實現（réaliser）人的感覺（sensation）。*」我想他竭盡生命想表現在畫布上的，並非視覺的重現，而是包含觸感在內的感官世界的本質。我在美國生活期間，經常去紐約現代藝術博物館欣賞塞尚的作品，每一次都會從作品本身的紋理感覺到立體生動的觸感。

研究媒體理論奠基者馬歇爾·麥克魯漢（Herbert Marshall McLuhan）的門林岳史表示，在十九世紀至二十世紀初的美術史言論當

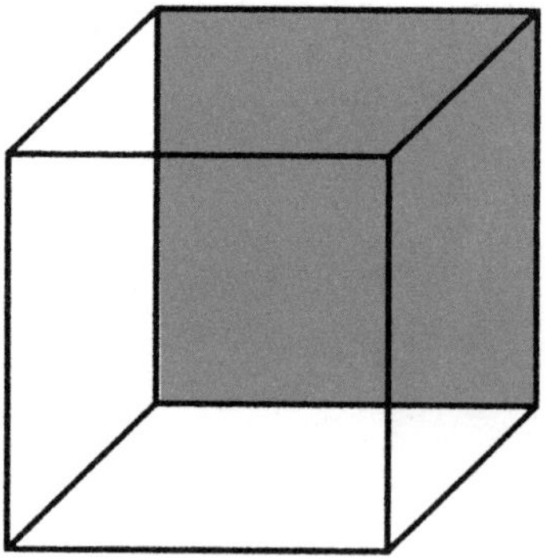

奈克方塊

發表於 1832 年的錯視圖像。有顏色的那一面有可能在前方，也有可能在後方，二種解釋都有可能，只要專注凝視這張圖，不用三秒就會前後反轉。

塞尚《有蘋果的靜物》1894 年

觸覺性（線性）的代表例子

拉斐爾《西斯廷聖母》（部分截圖）
1512-14 年前後

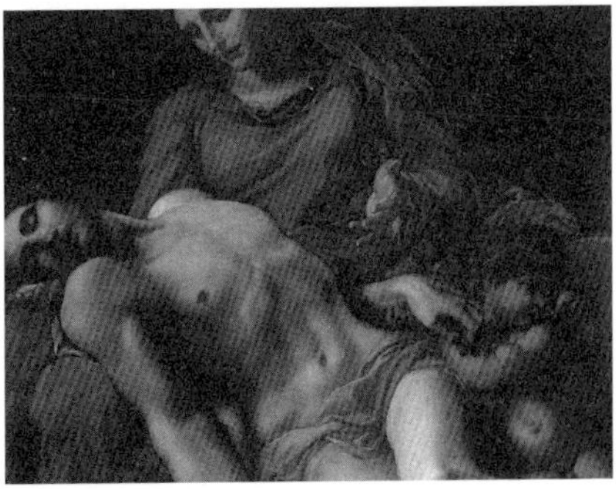

視覺性（繪畫性）的代表例子

安尼巴列・卡拉契《聖殤》（部分截圖）
1600 年前後

中，經常呈現出「視覺對觸覺」的兩大對立軸*。

舉例而言，德國雕刻家阿道夫．馮．希爾德布蘭（Adolf von Hildebrand）曾說：「近距離觀看的經驗就好像透過眼睛的觀看觸摸一樣。**」意即把極近距離移動眼睛欣賞繪畫時的經驗，形容為觸覺式的體驗。

此外，美術史家海因里希．沃爾夫林（Heinrich Wölfflin）提出「觸覺性／視覺性」（即線性／繪畫性）的二元對立，並以這種二元對立來記述各種美術史上的主題***。此處所謂的「觸覺性」指的是輪廓清晰分明，可以直接觸摸的表現手法。另一方面，「視覺性」則是指把對象視為色彩平面加以建構的表現手法。

要特別說明的是，這種在美術評論的文章脈絡中提及的「觸覺」，並非字面所示的觸覺，而是把繪畫經驗中發現的某種觸覺性的感受定義為觸覺。但就我們的研究立場而言，還是希望把這些一併囊括在「觸覺」的體驗裡。

門林把這種比喻意義上的觸覺稱為「光學無意識的觸覺性」。德國哲學家華特．班雅明（Walter Benjamin）認為在相機這種機器所拍攝出來的照片上，顯影著人類沒有意識到的（被壓抑的）細節****，我的想法是，門林的用語應該是參考班雅明的說法，把隱含在視覺性內部的某種超越視覺性的異質特性冠以「觸覺」

之名。

如上所述，在美術評論當中，也有像這樣欣賞繪畫之餘，融入所謂「觸覺特性」的情形。顯見視覺體驗與觸覺體驗是如此地密不可分。

倘若有機會走一趟美術館，請停下腳步仔細欣賞自己喜歡的畫作，並試著從中尋找觸覺性。即使是自認為很熟悉的畫作，或許能進一步感受到作者的手法或身體的動作也不一定。試著透過視覺品味那個立體而未分化的感官世界吧！

照片也可能照出我們沒意識到的東西。

3-4

聽聽看令人起雞皮疙瘩的魅惑之聲

——以聽覺感受人的氣息

有些聲音能夠讓人莫名聯想到觸感，例如翻動紙張時「啪啦啪啦」的聲音、撕破紙張的聲音、手伸進紙袋裡「窸窸窣窣」翻找的聲音。紙張發出的聲音有種令人發癢，有時甚至能夠帶來官能性的感覺。

因為聽見聲音而產生愉悅感覺的現象又稱自發性知覺高潮反應（ASMR，autonomous sensory meridian response）。前面提到的紙張發出的聲音，就是ASMR的代表例之一。

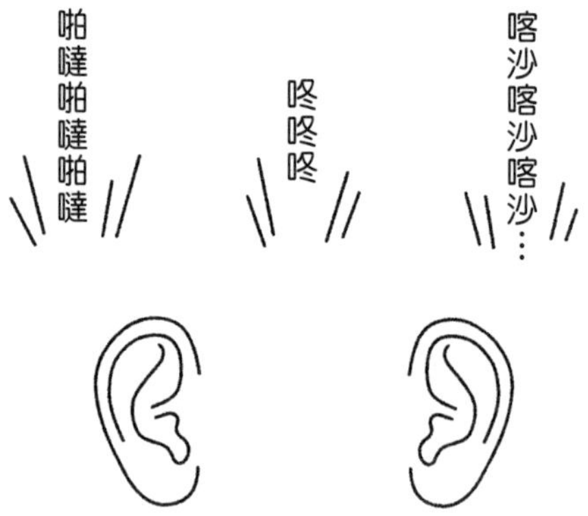

有人在耳畔竊竊私語時，你會不會有種癢癢的感覺呢？曾經看過鮑伯．魯斯（Bob Ross）的《歡樂畫室》節目的人，說不定就有發現他的聲音能夠引起ASMR。這個由日本NHK-BS在一九九〇年代前期播放的節目，是以魯斯一邊講解一邊繪圖的形式進行，而他的聲音相當溫柔，就像是在呢喃細語一般，聽起來莫名令人感到舒服。雖然他能夠迅速完成一幅畫的技巧相當厲害，但吸引我關注這個節目的不是因為他的畫，反而是因為他的聲音。

可惜的是，如果觀看的是日語配音的版本，就會被一個渾厚的日本男性聲音覆蓋過去，只能斷斷續續地聽見魯斯的聲音而已。不過在我的想像裡，應該有不少人喜歡他那偶爾會跑出來的聲音吧。

很多能夠引起ASMR的作品，都是用一種叫「雙路立體聲錄音」的方法記錄的。錄音時會使用兩個麥克風，擺在與人類的兩耳距離相同的位置錄音。如此一來，即可忠實地記錄下傳入人類兩耳的聲音，之後用耳機重播時，就能夠真實重現聽見聲音的位置。

在聆聽用這種錄音方法錄製的聲音檔案時，特別讓我感到驚喜的是聲音由右至左或反向移動時的感覺。最近日本有一個叫「魚韻」（Sakanaction）的搖滾樂團，也發表了用雙路立體聲錄音錄製的作品。

喜歡ＡＳＭＲ的人似乎很多，YouTube上也有很多ＡＳＭＲ的影片，請務必找來聽聽看。有指甲咚咚咚敲箱子的聲音，也有給人剪頭髮的聲音，儘管這些都是聲音，但是不是有一種自己正在觸摸什麼，或是被什麼東西觸摸的感覺呢？我自己也瀏覽了許多ＡＳＭＲ的影片，有些甚至讓我聽到都起雞皮疙瘩了！也有影片是女性對著鏡頭說話，像在枕邊輕聲細語一樣，還有一些讓人感覺到某種程度的性感（不知道是不是因為有這種特徵的關係，在問卷調查中，並不是每一個人都表示ＡＳＭＲ令人感覺愉悅）。

接下來純粹是我個人的猜想。像門的咿軋聲、腳踏在地板上的聲音、衣服摩擦的聲音等等，這些容易引起ＡＳＭＲ的聲音，似乎大多是會讓人感覺到他人的氣息或存在的聲音。或許當耳邊傳來這樣的聲音時，觸覺會在無意識之間受到刺激，讓人也想起親密而愉悅的體驗。

3-5

一邊走路一邊傾聽觸感

——聲音會放大觸感／口感嗎？

毛茸茸的絨毯、乾燥的沙灘、穿著長靴踏進水窪時的感覺——談到觸覺／觸感時，基本上都是以手的觸摸為中心，但腳所感覺到的觸感，同樣也會帶來無以言喻的喜悅。

走路時經常會注意到各式各樣的聲音。行走在雪中的「沙沙」的聲音、踏著落葉前進「唰唰唰」的葉片摩擦聲、走在日本庭園白石子上的「喀啦喀啦」的聲音，這些聲音讓腳底所感受到的觸感多了某種真實感。

如果行走的時候聽不到任何聲音，會是什麼感覺呢？例如戴著耳塞走路好了。走起來會不會有一種悶悶的感覺，好像少了一點真實感？從平日的經驗即可知道，聲音也會強化我們的觸感。

吃東西時的聲音也有同樣的效果。吃餅乾時「喀啦喀啦」的聲音、吸蕎麥麵食「唏哩嚇嚕」的聲音、喝碳酸飲料時「嘶嘶嘶」的聲音，這些聲音也會大幅影響「口感」。

舉例而言，曾經有人在一項實驗當中，錄下吃洋芋片的聲音，並將聲音增幅播放給正在吃洋芋片的人聽，結果透過音量的放大效果，成功讓對方感覺到洋芋片比平常更加酥脆*。此外，強調構成高音部分的頻率（二到二十千赫）也能夠得到相同的效果。沒錯，只要適當地調整聲音，即可增強觸感或口感。

其他還有聲音改變觸感質量的例子。一項實驗錄下了雙手摩擦的聲音，並播放給受試者聽，結果發現當播放的聲音僅強調高音（二千赫以上），手的觸感會變成平滑而乾燥的感覺。反之，當高音被調弱，觸感就會變得粗糙而濕潤。這種現象就是所謂的「羊皮紙皮膚錯覺」（parchment-skin illusion）**，明明自己的手是什麼感覺，應該自己最清楚才對，沒想到如此輕易就能改變，實在很不可思議吧？

此外，即使是與觸摸時產生的聲音無關的聲音，似乎同樣會影響我們對粗糙度的知覺。有研究結果顯示，即使只是在耳朵聽見所謂白噪音的雜訊（深夜時段，電視台停止播放節目時傳出的聲音）的情況下觸摸物體，手指感覺到的粗糙度也會特別明顯*。

接下來介紹一個可以在家中進行的小小實驗。先準備好冷水和熱水，並分別從茶壺倒入杯子當中。我希望你比較一下這兩種聲音，試著猜猜看哪個是冷水，哪個是熱水。

我已將實際錄音的檔案上傳至網路上，請親自點開來聽聽看**。像這種只有兩個選項的問題，大部分情況下應該都能夠聽出差異才是。

從科學家的立場，我會說這是因為杯子碰到冷水與碰到熱水的聲學特性不同，所以才會出現這樣的差異。不過這種聲學特性的差異極其細微，因此人類能夠如此敏銳地透過聲音察覺熱度，實在是件令人驚嘆的事。

觸感之中存在著聲音，聲音之中存在著觸感。從今以後，當你在走路或吃飯的時候，不妨側耳傾聽周遭的聲音吧。相信它們將帶給你更鮮明的腳底觸感，或者更豐富的口感。

3-6

試著創造新的象聲詞

——可以同時傾聽「聲音」與「觸感」嗎？

我們從聲音中感受觸感的能力，也被活用在使用聲音（語言）的時候。尤其是像「嘩啦嘩啦」或「凹凹凸凸」這類象聲詞（或說是擬聲詞、擬態詞），在用舌頭發音時的感覺與觸感是相互連結的，可以憑直覺去理解。

在詩的世界裡，向來都有人會創造出新的象聲詞：

卡布卡布（宮澤賢治〈山梨〉中螃蟹笑的樣子）

伊啊　呦呀　伊啊呦呀（中原中也〈馬戲團〉中鞦韆擺盪的樣子）

呱哩哩呢呢呱哩哩呢呢呱哩哩呢呢

（草野心平〈第八月滿月之夜滿潮時的歡喜之歌〉中青蛙的鳴叫聲）

從這些文字中可以感受到用其他方式無法體會的感覺。

日語是一種象聲詞很豐富的語言，《日本語象聲詞辭典》（日本小學館出版）收錄的辭條總共有四千五百個之多。

日語或韓語都是屬於象聲詞很豐富的語言，反觀歐洲語言中的象聲詞數量似乎不多。舉例而言，法語當中雖然有關於動物鳴叫聲的象聲詞，卻找不到關於觸感的象聲詞。因此，他們在翻譯日語的觸感象聲詞時，都會使用法語當中的形容詞，例如rêche（觸感粗糙／〔水果的〕味道發澀）、rugueux（凹凸不平的）、lisse（光滑的）等等，或是像「如絲綢一般」等等，以具體的物品為例加以描述的方式。

Bouba／Kiki效果

哪個是「Bouba」，哪個是「Kiki」呢？
大部分人的回答都是：左邊是「Kiki」，右邊是「Bouba」。

既然歐洲的語言缺乏關於觸感的象聲詞，那是不是能設法創造出全新的、共通的用語呢？以下就來介紹建築家兼工業設計師阿部雅世在這方面的嘗試。

阿部雅世以材料中潛在的「觸覺美」或「感覺美」為主題，完成過許許多多的設計專案。她在二〇〇四年獲聘為德國柏林藝術大學客座教授之際所成立的研究室，就是以「觸覺與觸感」為研究重點。

該研究室的第一項專案就是「設計表現觸感的語言」。她與分別來自九個不同國家的十六名學生一起，嘗試創造可通用於國際的「觸覺語」（haptic語）*。

首先蒐集各式各樣的觸感樣本，並把質感相似的樣本分類在一起。接著由十六名學生對此提出候選詞彙，直到討論出所有人一致認同的選項為止。

最後總共誕生出八個詞彙，包括波浪狀的「palanpalan」、分岔狀的「spraytih」、皺皺乾乾的「fralic」、如矽膠般的蠟狀觸感的「gemie」。

接下來，他們從這些新創的詞彙出發，設計出以觸感為焦點的作品，像是毛茸茸的項鍊、一抱就會發出踩雪聲的抱枕等等。據說在過程當中，學生們開始會將觸覺語自然地加入對話中，例如：「再增加一點palanpalan的感覺。」甚至到了沒有觸覺語就無法進行作業的程度。

其後，她繼續進行專案計畫，彙整出一本集合四十種基本觸覺詞條的《觸覺辭典》（*Haptic Dictionary*）。

象聲詞的優點是在某種程度上，可以透過聲音的聯想推測出指示的對象。其中較有名的例子就是「bouba／kiki效果」（見一二二頁）。若詢問「bouba」與「kiki」這二個虛擬的名字，何者是圓滑的圖形，何者是尖銳的圖形，則無論是哪個國家的問卷調查結果都顯示，較多人會把「bouba」與圓滑的圖形配對，把「kiki」與尖銳的圖形配對，反映出聲音與觸感的連結。順帶一提，嗅覺與觸感的連結也在最近獲得證實，也就是較多人會把香草的氣味與「bouba」配對，把檸檬的氣味與「kiki」的圖形配對*，感覺好像可以理解對吧？

還有一個有趣的例子可以顯示出象聲詞的「聲音」表現力，我也在這裡一起介紹給各位。

在京都大學鑽研語言處理研究的荒牧英治博士專門解析網路上可蒐集到的文章，並挑出提及身體部位時一併出現的象聲詞，調查兩者之間的對應關係。事後將調查結果視覺化的成品，就是模仿日本怪談中為了防止怨靈騷擾，在全身上下寫滿經文的無耳芳一取名的「象聲詞芳一」先生**。

一起來看這張圖吧。肩膀寫著「硬邦邦」，腿上寫著「肥嘟嘟」，膝蓋寫著「喀啦喀啦」。激烈的比賽後，身上如果出現瘀青會隱隱作痛；被太陽曬傷的話，皮膚會感覺刺刺的。疼痛也和觸感一樣，是無法出示給別人看的內在感覺，很難用言語表達，但我們早已習慣透過象聲詞來描述全身上下的感覺。

去醫院看病時，你是不是也曾用「Zukizuki」（ズキズキ）、「Zu-n」（ズーン）、「Hirihiri」（ヒリヒリ）等象聲詞，試圖向醫生描述自己的疼痛呢（有些醫院甚至會先發給患者一張列出象聲詞的清單，讓患者圈選出與症狀相符的疼痛感）？

不僅疼痛而已，你一定也曾有過無法用語言完整表達出當下感受的感覺吧？在那種情況下，希望你務必要試試看發明自己獨創的全新象聲詞。

發明新的象聲詞需要磨合「聲音」與「觸感」二種感覺，是個磨練感覺敏銳度的好機會。

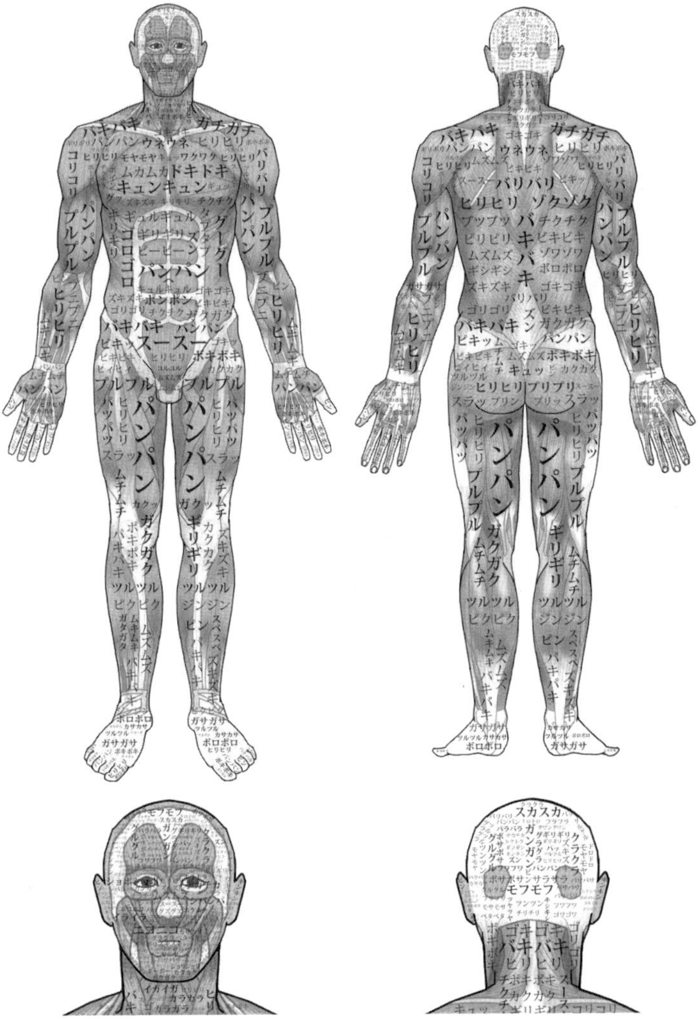

「象聲詞芳一」先生

圖版提供：京都大學 設計學程 荒牧研究室

（繪者：田藤千弘）

3-7

眼睛看不見的人會如何透過繪畫呈現觸感？

——視覺—觸覺，相連的二個世界

我認為所有五感都潛藏著觸感。因此，我不停思考著，是否能從這個堪稱感覺交會點的觸感視角出發，在繪畫、音樂、香道、芳香療法、料理等其他的感覺表現上，開創出新的可能性。

正如聲音（象聲詞）能夠表現觸感一樣，如果能用繪圖的方式描繪觸感，說不定就能創造出一種比語言更具直覺性的觸感表現手法。

最常見的視覺性觸感表現範例，就屬衣物柔軟精的廣告了。用手輕壓折疊在一起的毛巾後，只見毛巾慢慢恢復原狀，這短短的一幕就能清楚呈現出柔軟的形象。

這是用形成觸感的物體作為示例的方法。那麼我們是否能夠不透過物體的示例，直接用畫圖的方式描繪出我們的感覺（心像）呢？在此我想參照一樣東西，它能給予我們很重要的提示，那就是由眼睛看不見的人所畫的圖畫。

加拿大多倫多大學的心理學家約翰・甘迺迪（John M. Kennedy）博士，專門透過嬰兒時期失去視力者所描繪的圖畫，研究觸覺與視覺的關係。

眼睛看不見的人為了畫圖，需要確認自己已經畫到了哪裡。為此，甘迺迪博士在畫具上設計了一些巧思，就是在橡膠墊板上鋪一層塑膠片。用這種特製畫板繪圖，塑膠片上會出現「皺紋」，留下凸出來的線條。繪圖者只要用指尖確認這些線條，即可持續作畫。

在甘迺迪博士二〇〇八年發表的論文中，引用了由某位日本女性畫的四張圖*。其中有二張畫讓人印象深刻，一張畫的是在水中游泳時的感覺，另一張是喝龍舌蘭時的感覺。

先來看游泳時的畫吧（一二九頁上圖）。看起來好像有水從手腳流出來，但這裡所表現的是她用手腳撥動水時，同步感覺到的水的流動。從這裡即可看出，在全身上下所感受到的水的觸感之中，最能勾起她興趣的就是手腳的觸感。

在喝龍舌蘭時的畫中，她畫出了喝醉的感覺。首先，她在這幅畫裡畫了裝龍舌蘭的杯子和插在杯子裡的吸管，然後她又在上面畫了好多條上下起伏的曲線，代表喝龍舌蘭時醉醺醺的感覺。

甘迺迪博士指出線條的二種使用方式，一是用來描繪物體的形狀，二是用來表現觸感。在被接觸的物體輪廓上，畫出當下身體所感受到的感覺形象，這樣的表現是作畫者自行發明的方式。

非視障者或許無法完全了解眼睛看不見的人如何認知這個世界，不過這幅畫卻將以視覺為中心的世界和以觸覺為中心的世界，亦即二個互不相容的世界瞬間連結在一起。它給我們上了寶貴的一課，更進一步了解那個不倚賴視覺的世界，讓我們開始理解透過觸覺認知世界的方式。

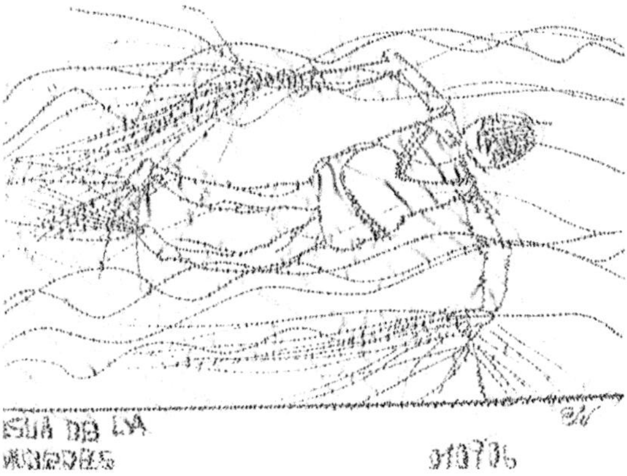

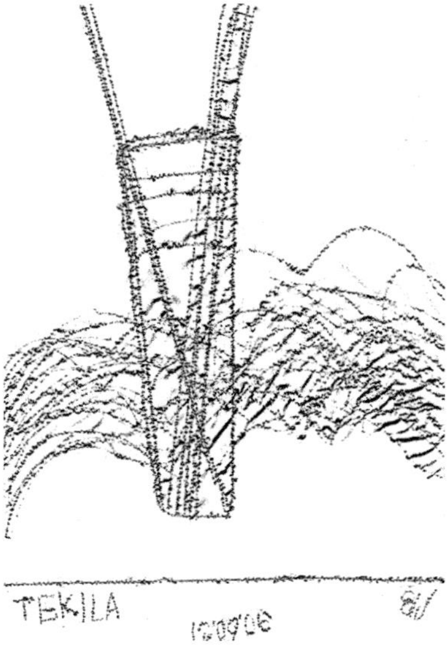

嬰兒時期失去視力者的畫

上〈在穆赫雷斯島游泳的 EW〉、下〈龍舌蘭酒杯（by EW）〉

John M Kennedy, Metaphoric pictures devised by an early-blind adult on her own initiative. Perception, 37(11):1720-1728, Figure 1 & Figure 4, 2008（複製經《*Perception*》雜誌許可）

3-8

心情「毛毛躁躁」時，真的會產生觸感嗎？

——共同感覺與比喻的基礎

第一章提到「溫暖」或「柔軟」等詞彙已超出皮膚感覺的範疇，常被用來形容某人的人格、關係性或用來解釋狀況，例如：「他對我說了溫暖的話。」或「那個人的身段很柔軟。」這是因為我們面對與觸覺不同的感覺形態時，一樣會找出與觸感的「感覺軸」共通的對應關係並加以應用。

同樣的情形也發生在五感之間。紅辣椒感覺比青辣椒還「辣」，也好像比較「熱」；和低沉的聲音比起來，尖銳的聲音感覺沒那麼「沉重」；黑色箱子感覺比白色箱子重；甜的巧克力感覺比苦的巧克力更滑順。這些感覺究竟從何而來呢？

在此，我想介紹一種叫「共同感覺」的概念作為理解時的輔助。

「共同感覺」是亞里斯多德提出的哲學概念。他雖然將人類的知覺分成五種感覺模式（感覺形態），但同時也指出人類在認知外界事物時，有時可以透過兩種以上的模式進行*。

例如形狀、大小、數字等可以透過視覺模式用眼睛看，也可以透過接觸的觸覺模式去感覺。在視覺體驗與觸覺體驗這二種經由不同感覺器官所獲得的不同的感覺之間，相互產生連結並感知到共通的東西，這種模式與模式之間共通感知到的東西就稱共同感覺，也可視為感知的能力。

正如本章前文所述，我們能從繪畫或照片中感覺到觸感（一〇八頁），或是從聲音中感覺到觸感（一一七頁），這是由於視覺與觸覺或聽覺與觸覺之間存在著對應關係，使得我們能夠感覺到共通的抽象特徵，因此這也可以說是共同感覺所造成的結果吧。

從亞里斯多德的思想獲得啟發而寫下《共同感覺論》的中村雄二郎，舉出了這樣的例子：

這種共同感覺的表現，用最簡單易懂的形式顯現出來的，就是例如人們所講的白或甜等形容詞，已經遠遠超出視覺上的色彩或味覺上的味道的範疇了。換句話說，說到甜這個詞語，有關於氣味的「玫瑰甜美的香味（ばらの甘い香）」，刀劍尖端鈍了有「刀鋒鈍了（刀先が甘い）」的說法，……還有「甜美的音色（甘い音色）」，除此之外，不知世間險惡的想法也被形容為「天真的想法（甘い考え）」等等*。

當對於模式與模式之間的共通事物感受能力擴張，就會在此處所舉的香味等嗅覺模式、刀鋒等形態，或想法等抽象事物當中發現某種共通性。

這樣的實例純粹只是語言上的比喻（隱喻）而已嗎？答案似乎不僅如此。想一想前文的bouba·kiki效果（一一一頁）也會覺得，好像有某些感覺在劃分為五感以後便無法理解了。

這樣的事情是如何發生的呢？雖然共同感覺的概念可以適用的範圍太過廣泛，目前對於大腦如何統合五感的資訊也所知甚少，但我想在此介紹一項具有啟發性的研究，說不定能夠解釋共同感覺的機制。

德國馬德堡大學的麥可·羅德（Michael Rotte）博士，曾經針對觸感如何影響情緒進行一項實驗*。首先，他將受試者分成兩組，分別在手背上留下觸感，一組是畫筆筆尖的滑順觸感，另一組則是砂紙的粗糙觸感。

其後，再讓受試者閱讀一段由兩名人物聊天所構成的對話內容。

「哈囉，你看過上次聖誕派對的照片了嗎？不知道你女朋友會怎麼想喔？哎呀，反正她也沒必要知道全部的事情就是了。」

「呃……（在那張照片中）我到底做了什麼事啊？」

「這個嘛，你看起來好像很享受喔！」

「看起來好像那樣沒錯（笑）。喂，你可別把這張照片給別人看喔！」

「不用擔心啦，我也沒打算跟她說。」

「拍這張照片的人，該不會在打什麼主意吧？這到底是什麼意思啊？」

「你冷靜一點嘛。你看，我把它刪掉啦。」

兩人的對話在不同的解讀方式下，有些人會認為是一段很親密的對話，有些人則會覺得是一段話中有話的應酬。

羅德博士趁著解釋這段線上對話之際，調查閱讀前接受到的觸感是否會影響解讀方式。結果顯示，比起接觸到畫筆的組別，接觸到砂紙的組別更傾向於給予負面的評斷，認為兩人的對話好像有一點生硬。也就是在接受到砂紙粗糙的觸感以後，有較高比例的人會覺得這段對話似乎話中有話。

羅德博士還進一步決定用功能性磁振造影（fMRI）觀察受試者在進行這項實驗時的腦部活動。結果證實了在接觸到粗糙的觸感之後，不僅會有較高比例的人用負面方式解讀兩人的對話，相較於那些未給予任何觸感或給予滑順觸感的人，前者的腦部初級體感覺區活動量也會增加。

大腦的初級體感覺區據悉是處理來自全身的觸覺資訊的部位，不過當人認知到「生硬的」、「帶刺的」、「激烈的」這類有可能透過觸感認知的狀況時，大腦所使用的似乎也是這一塊掌管觸覺的領域。

目前已知在痛覺的部分也有類似的情形。加州大學洛杉磯分校的馬修·李伯曼（Matthew Lieberman）博士等人，曾經研究過在遊戲中遭排擠而處於精神痛苦狀態的受試者大腦。結果在肉體承受痛苦的狀態下活動的部位（前扣帶迴皮質）也發現了活躍的反應。換言之，對於大腦而言，精神的「痛苦」很可能與肉體的痛苦是相同的*。

附帶一提，《腦中魅影》（*Phantoms in the Brain*）作者維萊亞努爾・拉馬錢德蘭（Vilayanur Ramachandran）博士曾提出一項假說，推測大腦機制之所以讓我們能夠做出隱喻，或許是因為有「鏡像神經元」這種腦部神經迴路構造作為基礎。鏡像神經元是一種神經細胞，當我們看到其他個體在做某種動作時，會像鏡子一樣出現共通反應，就像自己也在做相同的動作一樣。眼睛所見的視覺資訊與身體動作的運動資訊原本是兩種不同的感覺模式，而連結這兩種感覺模式的可能就是鏡像神經元。雖然尚未經過任何實證，但他推測鏡像神經元系統的成立，或許是在演化的過程中，從最初靈長類必須握住樹枝來移動開始擴展，後續才發展出跨越多種感覺模式的共通特性的能力**。

腦科學的領域逐漸發現，在認知心理狀態或抽象事物之際，身體的知覺有可能是一切的基礎。羅德博士的研究證明了一件事，就是當心情「毛毛躁躁」的時候，實際上或許也正感覺到「毛毛躁躁」的觸感。

川上弘美的小說《毛毛躁躁》（ざらざら）中，有一段提到主角觸摸裝飾用的蝦殼。在那個場面的描述當中，主角內心默默感受到一種無以言喻的煩躁。如果這位主角當時能夠接觸到滑順的觸感，我想他心中的躁動或許多少能夠被撫平吧？

4

觸感連接起世界與「我」

4-1

把手指放在圖畫上，就會產生因果性？

——世界因我而改變了！

請看左頁的圖。

這幅畫可以解讀為有物體浮在空中，並在地面上形成影子，不過這樣看起來好像少了點什麼。

接下來，我們將右手的手指放在圖中「*i*」的位置。結果如何呢？看起來就像有光芒從指尖照射出來，打亮了舞台對吧？因為我們放上手指，改變了整體的解釋，這張圖才真正完成。

這張圖來自一項名為「放上手指」的系列研究，該研究的主要成員為齋藤達也與佐藤雅彥等人，前者從事以利用影像科技傳達身體感覺為主題的活動，後者則是兒童節目《畢達哥拉斯的知識開關》的教育節目企劃人。齋藤與佐藤等人注

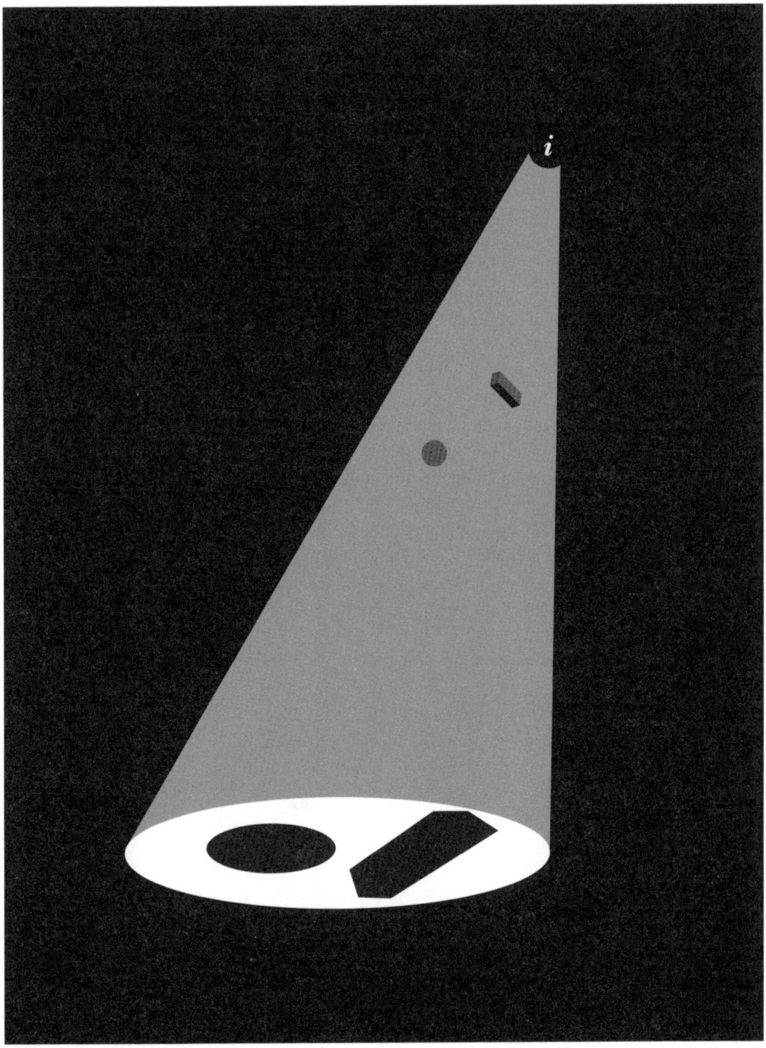

佐藤雅彥＋齋藤達也「光源與投影」©Masahiko Sato + Tatsuya Saito

把手指放在「*i*」符號上，圖的解釋就會改變。

意到，即使是平面靜態的印刷品，只要讓身體參與其中，就能引起主體性關聯的感覺。我們以「當作自己的事」描述這種現象*。

齋藤以魔術為例，在將右手拳頭中的硬幣變不見的魔術當中，魔術師會事先在觀察者看不見的情況下移動硬幣，然後擺出所謂的魔術動作（在此例中即為用左手食指指向緊握的右手，或是用左手的手指彈出聲音等等）。如此一來，觀眾就會覺得魔術師在做出魔術動作的那個瞬間把手中的硬幣變不見了。

齋藤心想，如果這時做出魔術動作的人不是魔術師，而是觀察者的話，不曉得會發生什麼事？實際測試發現，觀察者在做出魔術動作以後，似乎會感覺是靠著自己而非魔術師的力量把硬幣變不見的。為什麼透過對原本就不存在的硬幣加上手部動作，就能讓觀察者感覺是自己把硬幣變不見呢？

靠著自己的能動性操控身體的結果，讓我們對於移動對象物體或改變形狀等經驗習以為常。或許正因如此，我們才會在不知不覺間，預期自己的手部動作會造成這樣的變化，最終引起因果關係的顛倒吧。

儘管紙張是一種單向的媒體，但一旦手指被納入表現的範圍，就會產生互動式的感覺。若借用齋藤與佐藤的說法，就是將過去不被視為表現媒介反而被認為是阻礙的身體重新取回的一種嘗試。

影片也能讓人感覺到同樣的效果。在安室奈美惠所演唱的〈Golden Touch〉這首歌曲的MV當中，放上手指的主體性被延伸到影片裡。把手指放在畫面正中央觀賞影片，畫面上就會接二連三地出現氣球在手指所在的位置被劃破、百葉簾被打開等畫面，雖然是影片本身在變換，卻讓人產生一種自己與影片中的世界互動的感覺。這也是因果關係的誤認，是一種世界因自己而改變的感覺表現。這種我們自然擁有的感覺就稱「主體支配感」（sense of agency），目前是全世界的認知科學家關注的焦點。

以上兩個例子都將身體的一部分，尤其是手指的部分納入表現當中。正如前面也提到過的，手部動作是因果性或能動性的象徵，即使撇開這一點不談，手指在指示方向或提示關注對象物等方面，也會自然而然地引起注意。

在米開朗基羅的《創造亞當》，或仿照該畫的史蒂芬·史匹柏（Steven Spielberg）的電影《E·T·外星人》當中，手指與手指互相接觸的畫面之所以成為經典，也是因為那會勾起人類的感覺不是嗎？因為指尖的觸感對於人類而言，具有無法不加以關注的誘惑性意義。

第一次世界大戰時的募兵海報 1917 年
美國的擬人化形象「山姆大叔」正在對著你的方向高聲疾呼：「美國陸軍需要你。」由此即可感受到手指的威力。

米開朗基羅《創造亞當》（部分截圖）西斯汀禮拜堂 1511 年前後
象徵上帝的白鬚老者即將觸及亞當。

4-2

對觸感的感受力會隨年齡衰退嗎？

——觸感力也有經驗值

經常有人問我們：「觸感會隨年齡增長而衰退嗎？」這是一個非常好的問題。因為我們雖然想篤定地回答：「是的，觸感會逐漸衰退。」但事實上並無法百分之百斷言如此。

隨著年齡的增長，觸覺的敏銳度確實會逐漸衰退。若從解剖學的觀點來看，一來分布在皮膚的末梢神經數量，會隨著年齡增長而逐漸減少，二來偵測滑動感覺的梅斯納氏小體和巴齊尼氏小體等感覺器官的數量也會逐漸減少。若生物感測器的數量像這樣減少的話，可想而知的是，觸感力當然也會下降。

雖然從觸感力敏銳度的觀點來看是這樣沒錯，但也不能因此斷言年輕人對「觸感」的感受力一定比老年人優越，因為像平常用手工作的工匠等觸摸物體經驗豐富的人，即使上了年紀，也比一般人更能夠分辨出細微的觸感差異。

感受觸感的能力，也就是所謂的「觸感力」，究竟是如何獲得的呢？我個人認為，所謂「觸感力優越的人」，就是能夠從經由觸摸所感覺到的多種觸感當中，準確地挑選出必須注意的重點的人。

我們用按摩師的例子來思考吧。同樣的姿勢維持一段時間以後，肌肉暫時失去彈性，這種狀態就稱「肌肉僵硬」。好的按摩師會經由反覆接觸各種人的身體，學習如何透過觸感分辨骨骼、肌腱或肌肉僵硬的部位，並了解什麼樣的按摩效果能放鬆緊繃的肌肉，以及當下會對應到的觸感。藉由經驗的累積，摸索出對當前症狀（肩膀僵硬或腰痛）造成影響的觸感為何。

換言之，他們日復一日地在腦海中建立自己專屬的觸感資料庫。我們推測這可能就是觸感力不一定與年齡完全相關的理由。

此外，觸感力優越的人似乎會從經年累月的經驗當中，設計出一套異於常人的「觸摸方式」。

將金屬表面研磨、拋光後製成模型的工匠，光用手觸摸金屬板就能夠判斷表面是否有微米單位的細微損傷，而他們觸摸金屬板的方式據悉與常人截然不同。

一般人在觸摸物體時，手指碰到物體表面些微凹凸起伏之處，手指與物體會產生微弱的振動。有研究測量這些振動後發現，工匠能夠在極其細微的程度下改變手指按壓的力道或手指移動的速度，順利讓金屬板振動，好讓手指能更清楚地感覺到振動*。

隨著觸摸物體的經驗愈來愈豐富，大腦也會逐漸改變。舉例而言，在職業樂手的大腦體感覺區中，對應到演奏樂器時使用的身體部位（例如鋼琴家的話就是手指）的面積，據悉比一般人的還大**。

近期甚至有資料顯示，連使用智慧型手機都有可能在不知不覺間提高指尖的觸感力***。一項使用腦波儀的實驗發現，使用智慧型手機的時間愈多，掌管指尖觸感的體感覺區的活動愈活躍，而且據說實驗才進行短短不到十天，腦的動作電位便出現大幅的改變。

摺紙之所以會被應用在高齡者的復健療程上，或許也是因為人們從經驗上發現，使用手指能夠直接對腦部起作用的緣故吧。

4-3

一邊散步，一邊製作觸感地圖吧

——留意潛藏在環境中的知覺變數

我經常收看一個我很喜歡的NHK節目《漫步在世界街道》（世界ふれあい街步き）。節目製作人很用心地以觀眾的視角錄製街道上的畫面，盡可能不讓大家意識到播報員的存在。或許是因為這樣，看起來有一種實際走訪那些街道的感覺，而這也是這個節目的魅力。

有一次我收看了土耳其特輯，在那之後，世界觸覺學會在當地召開，我很幸運地走訪了一趟伊斯坦堡。實際行走在當地街頭，我發現影像果然還是無法取代親身的體驗。順著斜坡而上時氣喘吁吁的感覺、略微顛簸的石板路面、從狹窄巷弄間吹來溫熱但舒服的風……經由自己活動身體，能動地發現這些感受後，「街道」便轉化為「自己的體驗」了。

漫步街頭是一種連同觸覺在內，用全身去承受感覺的體驗。在街上散步或去遠方旅行時，如果能和拍攝下那一瞬間的照片一起，用文字保留下當時感覺到的觸感就好了。試行過一次以後，自然而然會在散步時尋找觸感，進行一場感覺的訓練。

有關這個部分，我想介紹由本書共同作者之一的筧，與其共同研究者諏訪正樹（慶應義塾大學環境資訊學院教授）、西原由實（慶應義塾大學ＳＦＣ研究所）所進行的一項研究＊。

諏訪正樹提出了「身體後設認知」的研究概念。

在運動訓練或樂器演奏等領域裡，

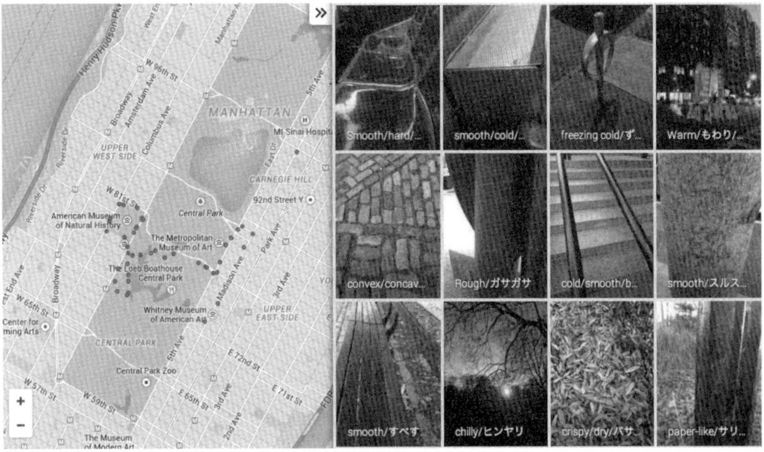

製作觸感地圖（仲谷正史於紐約） Map data ©2014 Google

訓練結果往往會使身體下意識地自動產生動作。此時下意識產生的各種身體與環境的交互作用，刻意用語言等符號加以代換，使其變化為可以意識的對象以獲得新的發現，這種活動就稱「身體後設認知」。

諏訪認為，透過意識化分解已經自動化的連續動作，雖然表現會暫時退步，但為了達到新的熟練階段，這種意識化或發現是很重要的過程。諏訪與筧將數位科技運用在促進認知工具的開發上。

在這一次的共同研究當中，我們決定研究如何用象聲詞表現出步行時的「腳底觸感」。漫畫當中經常使用「叩叩叩」（こつこつ）、「啪答啪答」（ぺたぺた）等腳步聲的象聲詞，但一旦決定重新思考如何用象聲詞來表現步行在地面上的觸感時，才發現這是一件非常含混不清又困難的事。在這項研究當中，我們決定在各種地面上行走，隨意設計出表達觸感的象聲詞，例如「唊可」（じゃく）或「呼奴」（ふぬ）等等，並隨時輸入電腦裡，然後持續進行數個月的作業，觀察期間是否有任何變化或新的發現。

即使是一開始隨機使用的象聲詞，在經過無數次反覆試行，與有意識地思考自己為什麼會使用這樣的聲音等問題以後，我們逐漸在地面、身體與象聲詞之間發現對應關係。

我們開始能夠區別差異，例如：這種水泥地板的著地聲是「叩」，這裡的柏油路面是「咕」；又或者即使是相同材質的地板，也能夠分辨出上坡路與下坡路不同的觸感。此外，同一條路來回多走幾遍以後，象聲詞也會隨步行方式不同而改變。隨著這種規則性的發現，我們漸漸能夠有意識地區別使用象聲詞。

除此之外，為了在這項研究中客觀地判斷這些變化，我們還在鞋子上裝設麥克風，將錄製到的振動音與相對應的步行象聲詞的關係，根據振動音的相似度進行分析。結果在為期數個月的實驗當中，我們逐漸發現哪些音素可以與哪些振動音互相對應，或是哪些音素組合經常被用來表現類似的振動音等等。透過每次測試開始前確認這些客觀資料的動作，我們已將自己的感覺「自覺化」了。

關於「釐清感覺」這種說法，諏訪將它闡釋為「發現解析度更高的知覺變數」。所謂的知覺變數，簡單來說就是感覺事物時所憑依的感覺資訊。例如筧在這項實驗中發現，腳底的觸感也與膝蓋的感覺有關。因此，當他開始同時意識到腳底與膝蓋的觸感以後，即可說他是獲得了解析度更高的知覺變數。諏訪認為人的學習正是發生在使用身體對環境造成影響，我們開始覺察環境中潛伏的變數的時候。

「外化」的行為是發現知覺變數的方法之一，也就是用語言等媒介加以代換，將感覺帶到身體之「外」，而第一個步驟就是用各種形式的符號，例如：象聲詞、名字、色彩、聲音等等，試著表達感覺，即使只是零碎的感覺也無所謂。

當感覺一旦被外化為符號，就能將以往只能在不知不覺中察覺到的感覺，化為客觀的對象。當你要向別人傳達感受或進行感覺的比較時，它也可以派上用場。除此之外，它也能為思考或分析提供一些頭緒。

觸感形態不一而足，而且就存在在我們眼前。是否能夠發現其中所含的細節，端視我們擁有多少能動式地與觸感產生關聯的手段。

那些靠觸感工作的工匠，便有一套獨特的專業術語。

日本加多技術有限公司有自己內部特製的《布料樣本冊》，他們將專家用來表現布料手感的特殊用語（例如「滑」、「脆」、「硬挺」、「膨鬆」等）量化，按類型排列布料樣本。由於有這本樣本冊，布料的手感從主觀的感覺變成任何人都能使用的客觀指標。

說到布料的「滑」（ぬめり），一般日本人好像有點難以想像那是什麼樣的

觸感吧？但經由觸摸這些布料樣本的過程，即可慢慢體會到「喔，原來這就是滑啊！」的感覺。因為樣本冊沿著滑度的增減軸排列多款樣本，所以才能從觸摸布料時感覺到的各種觸感當中，讓焦點集中在「滑」所代表的觸感上。在這樣的情況下，更容易單獨辨認出何謂「滑」感。

專家在用觸感分辨各種布料的過程中，注意到無法用一般性的詞彙形容的布料特性，並把那些特性化為他們共通的語言。專業的侍酒師或專業的調香師，應該也都有一套同樣經過千錘百鍊的感覺詞彙。學會感覺用語，就能發現到隱藏在環境中的知覺變數，替自己的世界建立起新的感覺軸。

4-4

用手指描繪周邊視野，擴大身體的感覺

——用觸覺感受包圍身體的空間

在意識身體感覺的運動當中，有一種運動叫「拍雪」*。

這是個二人一起搭檔合作的運動，首先，其中一人做出站姿前彎的動作。筋骨比較硬的人，或許沒辦法將手碰到地面。身體向前彎的時候，請試試看可以彎到什麼程度，並記住這種感覺。記住以後即可起身。

接下來，另一個人請替你的同伴拍一拍雪吧。請想像有雪積在剛才前彎的人的肩膀上，然後請替他拍掉堆積在那裡的雪。努力地拍，拍掉愈多愈好。

雪被拍掉以後，身體稍微變輕盈了，這時請再做一次站姿前彎吧。是不是比剛才彎得更低了呢？剛才還碰不到

地板的手，這一回說不定就碰到了。

為什麼身體可以彎得更低呢？理由尚未可知。以下純粹是我的推測，當我們在前彎的時候，總是會不自覺把注意力擺在因為前彎而感到肌肉緊繃、僵硬的部位（例如大腿後側），不過「別人幫忙拍掉雪」的動作，會讓我們把注意力從大腿後側擴大至背部、肩膀等部位，如此一來，當注意力轉移到全身以後，我們就能更全面地使用自己的身體，身體也因此能彎得更低了。

在類似的身體活動中，還有一種方法可以藉由周邊視野擴大身體的感覺*。

首先，請閉上眼睛，用單腳站立。這種單腳站立的狀態，大約能維持多久呢？大部分人都沒辦法站立太久。

接下來，用一般的方式站立，臉朝著正前方，並向前伸出慣用的那隻手。然後豎起食指，眼睛看著指尖的部分。繼續看著前方，臉和眼睛都不要動，將手臂垂直向上舉起。慢慢舉高手臂，眼睛依然不動，直到手指幾乎快消失在周邊視野的時候，停下手臂。到這裡為止所呈現的狀態，是高舉慣用手臂至幾乎快看不見指尖的位置。

接下來要進行的，是以順時鐘方向轉動手臂。指尖請持續維持在幾乎快從周邊視野中消失的位置。慢慢地將手臂繞一圈。

繞完一圈以後，請放下手臂，並像剛才一樣閉上眼睛，用單腳站立。結果如何呢？感覺是否比剛才更容易取得平衡了呢？

大部分人都能夠維持得比第一次還久。

我想這種現象應該也跟我們意識到身體有關。話雖如此，此例當中意識到的並不是我們的身體，而是圍繞在身體周圍的空間，也就是「近體空間」（peripersonal space）。

進入這個空間的感覺資訊，明明不會對身體造成影響，卻會讓人產生一種受到影響的感覺。舉例而言，假如你發現身體旁邊有傘尖等異物入侵的話，即使沒有實際接觸到皮膚，是不是也會有種不舒服的感覺呢？

就神經基礎而言，大腦的前運動皮質腹側區有雙模態（bimodal）神經元，對觸覺刺激與聽覺刺激皆會有反應，因此當視覺確認有物體接近身體周圍時，即使未接觸到身體，據信也會產生如被接觸一般的感覺（有趣的是，它就位在一三五頁說明的鏡像神經元所在的腦部區域旁邊）。

目前已知近體空間可以透過工具加以擴大。入來篤史博士在他的研究當中，將耙子狀的工具交給猴子，並將飼料放置在猴子無法觸及的範圍，藉以訓練猴子使用耙子。然後經由測量猴子使用耙子時的腦部活動，證實了近體空間會擴大到耙子所能觸及的範圍*。

由此可知，大腦塑造的「身體輪廓」具有可塑性，例如我們在使用拐杖或駕駛汽車的時候，身體輪廓都可以配合不同的情形自由改變形狀。

在用指尖圈出周邊視野的身體活動當中，或許就是因為我們意識到手指活動範圍的空間，感覺自己的身體好像擴大到那個範圍，所以才能夠比原先更敏銳地接收到進入這個空間的資訊吧？也多虧於此，才能夠保持更好的平衡感。

在日常生活中，我們幾乎不會思考進入身體周圍的資訊有什麼意義。不過，我們的身體隨時隨地都在承受來自周圍環境的各種刺激，卻能夠將馬克杯中的咖啡送到嘴邊而不打翻，或是四平八穩地行走在砂石路上。如果能夠把注意力集中在近體空間上，相信我們一定能夠更懂得妥善使用自己的身體。

從現在開始，練習把注意力從皮膚轉移到包含周圍空間在內的全身感覺上吧。練習去意識靠在椅背上的感覺，或是坐著的時候來自椅面的觸感。試著走出戶外接受陽光的照射、風的吹拂，感受身體的輪廓。即使只有這樣，也能夠重新找回容易忽略的身體感覺。

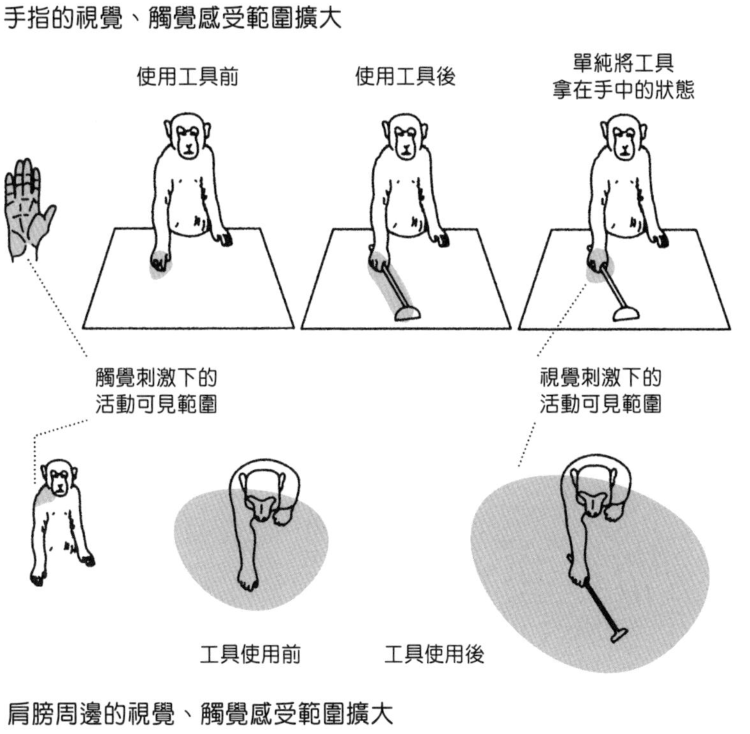

利用工具擴大的近體空間

對觸覺與視覺皆有反應的雙模態神經元，藉由工具的使用而擴大範圍。（理化學研究所入來篤史博士研究）

（上）手指的視覺、觸覺感受範圍擴大

左邊的猴子手掌顯示的是對手部施以觸覺刺激時的反應。右邊 3 組是以視覺刺激用的探測器掃描周邊之際，大腦雙模態神經元出現反應的範圍。使用耙子後，範圍擴大至耙子的前端。另一方面，當猴子沒有使用耙子的意圖，純粹拿在手中時，則反應範圍依然限縮在手的周圍。

（下）肩膀周邊的視覺、觸覺感受範圍擴大

對肩膀周邊觸覺刺激有反應的雙模態神經元，以手臂所能伸展的範圍（觸及的長度）進行編碼。

4-5

為什麼自己無法搔自己的癢？

——大腦會預測感覺

根據現存最早的紀錄，第一個提筆書寫觸覺的人是亞里斯多德，他也問過一個很有趣的問題：「為什麼我們無法搔自己的癢呢？」當我們自己搔自己的腋下或腳底時，為什麼不會覺得癢呢？這個問題看似平凡，卻非常值得深入探討。

亞里斯多德的答案是，因為自己搔自己癢的時候，可以事先預測到搔癢的感覺*。

距離亞里斯多德的推測超過兩千年以上的今日，人類已經透過監測被搔癢時的腦部活動發現了許多事。若以結論來說，亞里斯多德的推理，實在無法不令人欽佩。

莎拉傑恩・布萊克莫爾（Sarah-Jayne Blakemore）博士等人進行過一項實

驗，他們製作出一種搔癢的簡單裝置，並用fMRI監測受試者的腦部活動。結果發現，在自己搔自己癢的時候，負責預測運動的小腦會出現活動的跡象*。

據信大腦在對肌肉發出運動指令時，也會將複製的運動指令同時送到掌管觸覺的體感覺區，藉以對運動結果會產生什麼樣的感覺建立預測。然後再將預測與實際的體感覺區活動進行比對。若預測與實際一致即可確證這個感覺是由自己的運動所引起的感覺。

這種對自己運動的結果預測，也可以在活動眼睛的時候發揮作用。自己的眼球運動當然會造成投射在視網膜上的影像改變，但如果把這解釋為「物體在運動」的話，事情可就麻煩了。因此，大腦會先預測自己的眼睛活動會對

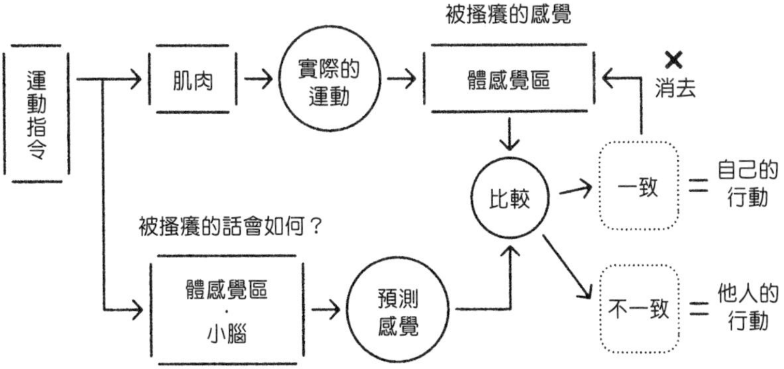

視野造成什麼樣的變化結果，再從實際視野中的活動扣除這部分的變化，然後才進行解釋。

大腦會像這樣忽視由自我運動所造成的感覺，傾力於覺察外界事物的活動。布萊克莫爾博士等人進一步建立了這樣的假說：自己搔自己之所以不會覺得癢，是因為當感覺形成的原因是自己時，大腦會消去那樣的感覺。換句話說，這是忽視自我運動所造成的感覺機制的副作用。

反之，大腦會判斷「被他人搔癢」，則是在預測與實際感覺不一致的情況下。一般人可能會覺得，在某種感覺形成時，判斷引起那種感覺的是自己還是他人，是一件絕不可能出錯的事，但事實上也有患有思覺失調症的人，由於這種預測模型的運作失常，因此即使自己搔癢自己，也會產生癢的感覺。

順帶一提，布萊克莫爾博士等人也進行了在搔癢裝置上設計時間差的實驗。據說在自己操作裝置的情況下，若將搔癢動作發生的時間延遲〇．二秒，搔癢的感覺就會更加強烈。可見在有時間差的情況下，即使實際上操作的人是自己，還是會被解讀為「遭到他人搔癢」。

4-6

在橡膠製的假手上體驗感覺

——身體界線會改變嗎？

前文提到在工具的輔助下，我們認為理所當然的身體輪廓會改變（一五五頁）。這裡還有另一個令人印象深刻的例子可以作為佐證。

橡膠手錯覺是一種把眼睛所見的假手誤認為自己身體的現象*。首先，把自己真正的手藏在隔板的另一邊，排除在視野之外。取而代之地，在眼前放置一隻橡膠製的假手。

然後同時用毛筆在隔板另一邊的真手與眼前的假手上輕刷一段時間。結果奇妙的事情發生了，就是受試者明明知道眼前的手是假手，卻好像透過假手感覺到毛筆的觸感。

另一種實驗是在同樣的狀態下，將塑膠製的假冰塊放在真手上，將真正的冰塊放在假手上*。結果受試者明明只用眼睛注視著假手上的冰塊，卻會感覺到「變冷了」，即便假手上根本沒有溫度感受器。這就表示冰塊提供的視覺資訊引起了冷熱感覺。

在另一個惡作劇的例子當中，有人趁著這種錯覺發生的狀態下，突然用刀子刺假手，結果只見受試者慌張地縮回真手，因為他感覺自己的手好像被刀子刺到一樣。想必在那個當下，他的心臟也嚇得撲通撲通跳吧。

在身體所有感（sense of ownership）像這樣轉移至假手上時，測量真手的溫度，手的體溫大約會降低〇・三度**。此處應該可以將體溫的降低，視為受試

者的大腦不覺得該身體部位屬於自己身體的生理性現象。

這類錯覺發生時的共通點，就是視覺與觸覺的同步性。當這二種感覺被提示的時機接近時，大腦似乎會把眼睛看到的事辨識為發生在自己身體上的事。當有二組資訊同時出現，分別是假手的視覺資訊與來自真手的觸覺資訊時，大腦會將眼睛所見的橡膠手視為自己的身體，並將感覺的輸入與輸出投射在那上面。

在佐藤雅彥所舉辦的「變換你的身體」展覽（君の身体を変換してみよ）中，有一項設計有效地應用了這個原理。首先是一張桌子，桌上放著一瓶牛奶，牛奶放置在伸手無法觸及的位置。桌子下方有一個手可以伸進去的圓筒，圓筒裡放著一瓶伸手就能觸摸到的牛奶。另一方面，圓筒內部則裝設了攝影機，攝影機會將伸進圓筒裡的手拍攝下來，投影在桌面上。投影的方式非常高明，看起來就像自己的手被拉長一樣，一直延伸到桌上那瓶不可能碰到的牛奶的位置。

當人置身在這樣的狀況下，雖然每個人的感覺多少有差，但大部分人都會表示有「自己的手臂變長了」的感覺。即使是一般常識下不可能發生的視覺印象，只要稍微加入簡單的觸覺機關，很容易就能讓人產生錯覺。

和橡膠手錯覺相反，我們也可以體驗把自己變成他人的感覺。虛擬實境的研究者正在研發一款可以體驗靈魂出竅的裝置*。只要把這款名叫頭戴式顯示器的裝置戴在頭上，就能透過與這款裝置連結的攝影機來觀察這個世界。戴上這款裝置以後，把攝影機放置在自己身旁，便能體驗到自己看自己的神奇感覺。在這樣的狀態下，如果自己實際的身體不小心被人碰到的話，驚嚇的程度會比平常還厲害。因為平常太過依賴視覺資訊，導致我們早已忘記自己的身體感覺了。

來自視覺的資訊似乎會比來自身體內部觸覺（四六頁）的資訊更優先被處理。最後我們來看一個視覺減緩疼痛的例子吧。

遭遇不幸意外導致手或腳被截肢的患者，有時會受到失去的手或腳的疼痛折磨。這是一種叫「幻肢痛」的現象，而且患者既然已失去

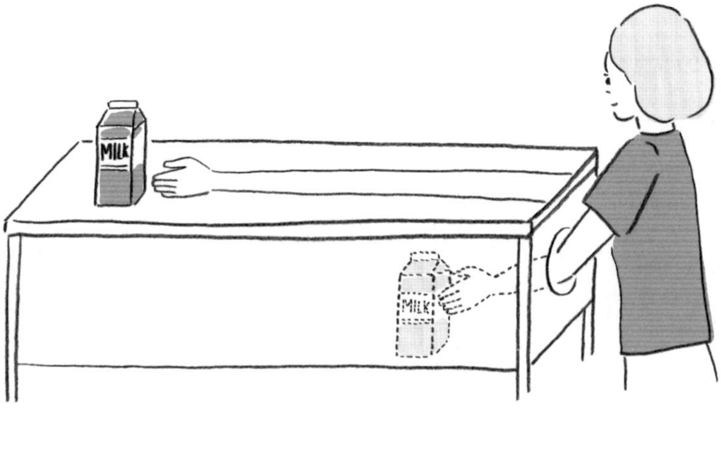

手腳，外科醫師自然無法進行任何治療。對此，拉馬錢德蘭（Ramachandran）博士發現，只要使用鏡子讓那些受幻肢痛困擾的患者，在幻肢的位置上看見虛擬的正常手腳，即可減緩幻肢的症狀*。

舉例而言，當左手有幻肢痛時，就在左手原本該在的位置放一面鏡子，使患者的右手映照在鏡子裡。由於右手可以正常活動，因此當映照在鏡子裡的時候，看起來就好像左手也能輕鬆地活動一樣。令人驚訝的是，多位患者表示，光是這樣讓正常的手的狀態視覺化，就能夠減緩長期折磨他們的幻肢疼痛。

拉馬錢德蘭博士認為，造成幻肢痛的理由，是因為大腦會學習失去手時的疼痛。於是他進一步說明，藉由觀看手臂輕鬆活動的畫面，大腦會進行「再學習」，所以才能夠減緩疼痛。

他還介紹過一個很有意思的幻肢患者體驗，就是在擁有幻肢的人當中，有些人看到別人的手被觸摸，自己也會產生幻肢被觸摸的感覺。拉馬錢德蘭博士推測，這是因為無論在看見他人被觸摸，或者是自己被觸摸時，鏡像神經元都會被刺激產生作用所致。

既然如此，為什麼一般人不會把他人的觸覺當成自己的觸覺呢？那是因為一般人能夠根據自己本身的觸覺資訊，知道「我並沒有被人觸摸」。據信來自身體的觸覺會發出無效訊號，防止因視覺刺激而生的觸覺占據意識。

幻肢患者失去的手腳，自然不可能傳達觸覺資訊。因此在無效訊號未發揮作用的情況下，只要看到別人被觸摸，自己就會產生被觸摸的感覺。

那麼在施打麻醉讓身體痲痺的情況下，也會像這樣光看到別人被觸摸，麻痺的手就會產生觸覺嗎？令人驚訝的是，拉馬錢德蘭博士的報告顯示，實驗後的結果確實如此*。

正如這些案例所反映的，關於「哪個是自己的身體／到哪裡為止是自己的身體？」等認知並非固定的，而是會由來自感覺的回饋不斷構築、變動。在某些狀況下，身體界線甚至可能因視覺或觸覺而改變。反過來我們也可以說，只要妥善運用視覺與觸覺，就有可能隨心所欲地改變身體感覺。

4-7

心情低落的時候，摸摸看柔軟、溫暖的泰迪熊吧

——從對孤單或死亡的恐懼中獲得救贖

在新加坡國立大學商學院教授組織學和同理心社會學的傑．納拉亞南（Jay Narayanan）博士等人，將研究焦點擺在孩童喜愛泰迪熊的日常現象。泰迪熊既柔軟又溫暖，而且隨時接受我們的觸摸。中性的五官配上似笑非笑、偶爾看起來有些寂寞的表情。泰迪熊是「無條件認同」的隱喻。因此，納拉亞南博士等人建立了這樣的假說：觸摸泰迪熊是

否能夠讓疏離感獲得治癒*？

在實驗當中，他們讓受試者接受性格測試，然後假裝根據測試的結果，告訴其中一組人說：「你將來會獲得社會的認可。」再對另一組人說：「你將來會被社會孤立。」在這樣的前提下，把泰迪熊放置在受試者面前，詢問他們願意花多少錢購買泰迪熊，同時再將受試者分成只能用眼睛看泰迪熊的，與可以用手觸摸泰迪熊的二組。

實驗結果如下：聽見「自己會被社會認同」的組別，無論是否獲得觸感，願意花費在泰迪熊上的金額並無差異。另一方面，聽見「自己會被社會孤立」的組別，觸摸過泰迪熊的受試者，願意花費的金額比沒觸摸過的人多。由此可以想像，人在對自己失去自信、感到不安的時候，會從觸感當中尋求某種慰藉。

除此之外，當他們進一步詢問受試者：「你會想再參加同樣的實驗嗎？」可想而知的是，聽見「自己會被社會孤立」的組別，回答想參加的比例明顯低於另一組的人。不過在觸摸泰迪熊之後，回答想參加的比例增加有達到統計上的顯著水準。

另外也有像這樣的實驗：荷蘭阿姆斯特丹大學的愛麗絲・施耐德（Iris

Schneider）博士等人，嘗試透過實驗確認觸覺性的接觸，是否能夠減緩人對死亡的恐懼。

他們在實驗當中讓受試者填答問卷，並且設定了兩個條件，也就是在遞出問卷時，將受試者分成稍微觸摸肩膀的組別，和沒有任何肢體接觸的組別。然後用問卷向受試者提出七個關於對死亡的恐懼的問題（例如針對「死亡是一切的終結，因此我覺得死亡很恐怖」的項目，用五等級進行評分），與十個測試自尊心高低的問題（例如針對「我對自己感到滿意」，用四等級進行評分）*。

實驗結果發現，自尊心低的受試者即使只是稍微被接觸到肩膀，對於死亡的恐懼也會顯著獲得改善。另一方面，自尊心高的受試者無論接觸與否，皆不會有所改變。對於自尊心低落的受試者而言，被人接觸能夠帶來生命的安全感。

被人接觸或觸摸舒服的東西之所以能夠安撫情緒，可能是因為這樣能夠透過皮膚，具體地確認「自己被他人所接受」的感覺。不僅衣服如此，我認為這種想要選擇觸感好的東西的心理，背後隱藏的是「想要被人接受」的最根本的欲望。

4-8

製作讓心情安定的觸感御守

——化無形感覺為有形物體

中世紀的歐洲曾經流行過裝飾用的迷你肖像畫。用淡淡的水彩顏料作畫，畫布則是比手掌還小的石頭。裝上鏈子以後，就可以當作墜飾使用。

迷你肖像畫通常都繪製於人生重要的大日子。例如訂婚時、結婚時、孩子出生時，還有死別時。此外，據說上戰場或出海時肖像畫會握被在手裡，對遠方的人寄予思念。

將心愛的人的肖像握在手中，也是一種擁抱對方的隱喻。即使無法見面，對方還是在我觸手可及之處。迷你肖像畫提供的就是這種體驗的效果。

十九世紀以後，隨著照片的興起，幾乎沒有人再製作迷你肖像畫了。取而代之地，美國職場上經常可以看到人們張貼家人或孩子的照片。這種行動所反映出來的，應該是希望感受到對方在自己身邊的心情吧。

神社販售的御守也是一種心靈的支柱。在神社購買御守時，通常都會依據特定的心願，例如學業成就或家庭平安來選擇御守。心願也是一種說得出口卻沒有實體的東西，正因如此，才要賦予它一個接觸得到的實體，並隨身攜帶。製作御守的目的並不一定是為了能夠觸摸，但作為物體，這種隨時都能夠觸摸到的狀態，能夠帶來鎮定心情的效果。我想迷你肖像畫的含義應該也和御守相近吧。

日前造訪北海道時，我在一間紀念品店裡發現了木製的御守。這種被

各種迷你肖像畫（17 至 19 世紀初）

Skokloster Castle / Erik Lernestål / CC BY-SA

取名為「touch wood」的御守，雖然只是如筷架般小小的木片，但中間有一個可以將手指放在上面的凹槽，如果用拇指沿著那個凹槽來回觸摸，會有一種莫名舒服的感覺。聽說西歐人有一種習俗，就是在誇下海口或講完不吉利的事情以後，會「咚咚咚」地敲幾下木製品，以免運氣溜走（也有只用嘴巴說「touch wood」的情形〔例如英國〕）。雖然來由並不清楚，但或許是想借助木頭精靈的力量吧。觸摸這塊木頭御守時，滑順的觸感具有舒緩緊張情緒的效果，同時也是在觸摸木頭所象徵的力量。

對愛情、祈禱、祝福、發誓、不安、恐懼或生命力等沒有實體的概念，賦予可以觸摸的形狀，或許就是宗教或藝術起源的行為。

舊石器時代晚期的地層曾經出土一尊象徵女性的小雕像，名叫維納斯，它是目前已知年代最古老的雕塑品。這是一個手部感覺與生存直接相關的狩獵時代。據信當時沒有私人所有權的概念，大家生存在豐沛的自然環境中，彼此之間也很少出現糾紛。

此類雕像中最有名的就屬在奧地利發現的「維倫多爾夫的維納斯」了。這些維納斯雕像大多出土於居住區，很少從墓地中出土。尺寸介於六至十二公分之間，相當於手掌的大小，而且無法直立，由此可以想見，這應該不是觀賞用的雕像，而是人們隨身攜帶、片刻不離身的東西。

我們都需要親身感受那些無法掌握的東西。擁有身體的我們可以信任的，就是這種觸感的力量。

《維倫多爾夫的維納斯》

約 2.4 萬年前、高約 11 公分，維也納自然史博物館藏。

Wellcome Images ／ CC BY 4.0

4-9

試著用力抱緊自己的身體

——即使在平常會緊張的情況下，也能保持冷靜

擁抱，即使在與他人交流的所有問候方式中，也能表現出高度的親密感。

雖然在有發展障礙的人之中，有些人因為觸覺太過敏感而討厭被別人擁抱，但即使是這種類型的人，也會表示內心其實是渴望受到擁抱的。曾被診斷為高功能自閉症的天寶．可蘭汀（Temple Grandin）也是其中之一。據說她看到農場使用保定架讓發狂的牛恢復鎮定，便自行研發出一款擁抱自己的裝置（擁抱機），好在心情焦躁不安時緊抱自己。她說在自己的控制之下，安心地對全身施加壓力是很重要的事。擁抱以後世界會再度恢復平靜，讓她能夠冷靜地思考事物。

在經過擁抱之後，我們的身體會有什麼改變呢？

擁抱伴侶能夠緩和緊張的情緒。有一項實驗從脈搏與血壓的觀點，檢測了擁

抱的效果*。

首先，研究人員募集了一批願意參與實驗的情侶，並將這些人分成「擁抱」與「不擁抱」二組。被分配到「擁抱」組的情侶，必須握著伴侶的手觀看影片，然後擁抱二十秒鐘。另一方面，「不擁抱」的情侶則無論在觀看影片期間或看完以後，都不許有任何的肢體接觸。最後讓兩組人進行演講，以檢測擁抱所帶來的影響。

人類在面臨危機時，必須立刻決定要迎戰或逃跑，這時交感神經會發揮作用，讓血壓或心跳加快，使人處於亢奮的狀態。在人群面前發表演說，就會造成這種緊張狀態，因此兩組的血壓或心跳都有加快的現象，不過變動量卻有差異，「擁抱」組的心跳或血壓上升的幅度低於「不擁抱」組。

換句話說，擁抱帶來放鬆的狀態。雖然箇中奧祕還有很多尚未釐清之處，但有其他的研究報告顯示，擁抱之後，血液中的催產素濃度會上升。

催產素是一種與愛情或信賴感有關的激素，在小白鼠實驗當中，注射催產素會使小白鼠互相梳毛的情形增加，或是使母鼠開始照顧非親生的小白鼠。此外，實驗也發現注射催產素能降低血壓、心跳，以及人稱壓力激素的皮質醇的血中濃度。然而即使不刻意注射，輕輕撫摸小白鼠的肚子，一樣可以提高催產素值，得到同樣的效果。

關於擁抱或身體接觸能提高催產素血中濃度的現象，目前還不清楚其中的原理。或許是「被對方接受」的心理狀態增加催產素的量，也或許是肌膚接觸本身就會刺激催產素分泌。無論如何，擁抱能夠引起這種生理性的反應，並進一步帶來心情上的變化。

對於那些遠距離戀愛中，無法隨時擁抱伴侶的人，這裡也有一個好消息。日本關西數一數二的研究據點，國際電子通訊基礎技術研究所

Hugvie® ／京都西川股份有限公司販售

Hugvie® 是國際電子通訊基礎技術研究所（ATR）的登錄商標。

（ATR）的住岡英信與石黑浩等人的研究團隊，研發出一款名為「Hugvie」的機器人。這款溝通機器人不僅擁有電話的功能，還根據擁抱的需求設計成人體上半身的形狀。

住岡等人發現，比起單純透過電話溝通，抱著這款機器人聊天，更能夠降低壓力激素，也就是皮質醇的血中濃度*。不僅透過語言，連身體也一起感覺伴侶的存在，對生理狀態與心理狀態都會帶來正面的影響。

如果覺得自己的心情總是起伏不定，不妨試著將擁抱融入生活當中。如果基於日本文化而對擁抱有抗拒感的話，也可以請伴侶握住自己的手即可。享受觸摸的感覺，也有助於保持平穩的心情。

5

創造真實感

——觸感傳送工具組的發明

觸感傳送工具組

我們正在進行一項名為「TECHTILE」的活動，概念是運用科技賦予觸摸新的價值。

我們在二〇一〇年的「TECHTILE展＃3」中展示最新的觸覺技術後，下一步的構想是：有沒有辦法讓一般人也能使用觸覺技術，而且不僅止於以展覽的方式呈現呢？

巧合的是，前來參觀TECHTILE展的山口資訊藝術中心（Yamaguchi Center for Arts and Media，YCAM）研究成員主動提議：「要不要一起進行與觸覺有關的專案呢？」

這次合作專案的最終目標為開創一個讓群眾可以實際使用的觸感技術，並創造新觸感的全新領域。為了達成這個目標，以慶應義塾大學的南澤為首，我們共同研發出了「觸感傳送工具組」。

觸感傳送工具組是任何人都能享受觸感樂趣的入門工具組，不一定要具備電子作業等方面的專業知識。舉例而言，只要將裝置設在紙杯上，並在其中一個紙杯中放入彈珠或倒入汽水，就能透過另一個沒放任何東西的紙杯，清楚地感覺到觸感。也就是說，這是一種能夠即時地傳送觸感的裝置。

以往的觸感只能當場透過自己的身體直接感受，不過只要使用這種裝置，就能用電子訊號的形式記錄觸感。觸感被記錄為電子訊號以後，不但可以進行增幅、剪下與貼上等編輯動作，還能夠存檔供日後重新取用。如此一來，即可將觸感傳送給時間或空間相隔遙遠的某個人。

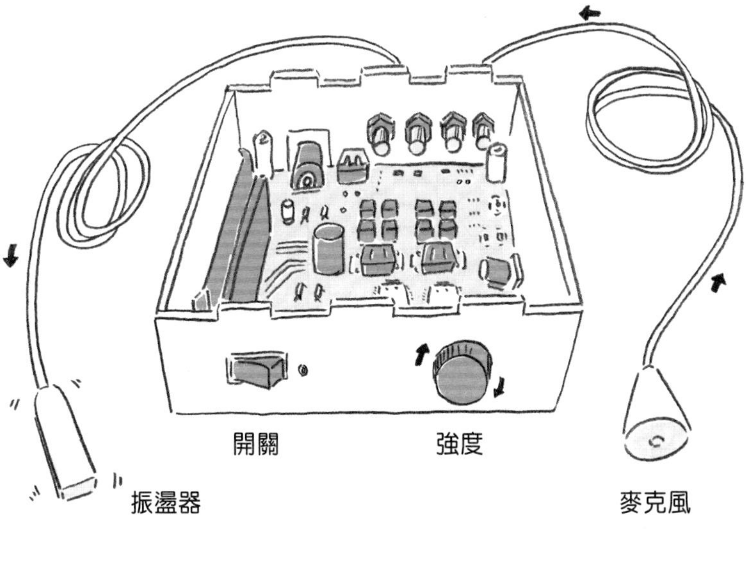

觸感的原型設計

「觸感傳送工具組」是觸感的「原型設計」，換句話說，這是一種將早期階段的試作品製作化為可能的工具。

理解事物有幾種方法，一種是還原元素，也就是詳細研究構成現象的各個元素，累積知識以理解整體的方式。

另一種是所謂的建構論，也就是經由實際製作形成某種現象的系統，去理解該系統的原理。這是工程學家擅長的方法。舉例而言，透過製作二足步行的機器人，即可針對步行的原理進行討論。這種方法著重的是實際製作出可以運作的原型，再經由改良的過程理解其中的原理。像這樣在尚未理解整體的階段先做出雛形，再測試成品能否實際運作，這個過程就是「原型設計」。

有些企業也以這樣的概念作為營運方針，例如總部位在美國矽谷的設計顧問公司艾帝歐（IDEO），就鼓勵員工「為了思考而組裝」（built to think），也就是即使只有雛型，也要將構想實體化為原型。下一句則是「化為有形體的實物」（make it tangible），簡單的東西也無所謂，總之先做出實體就對了，因為在一邊動手的同時，才能夠透過具體的實物，淬鍊出更好的概念或構想。

能夠把觸感從原來的物體上剪下，再「貼到」其他任何東西上的觸感工具組，使觸感可以被帶到媒體內容製作的現場。即使不實際製作出物品，仍然可以體驗到使用起來的感覺。

簡易型工具組

某種意義上來說，研發觸感傳送工具組的過程，就是一種原型設計的嘗試。因為這組工具的特徵不在於完整重現觸感所擁有的各種特性，而是希望先以目前所知的最基本元素進行建構，讓觸感成為「可以處理」的對象。

在我們構思這件事的二〇一一年時，行動電話的振動功能等應用振動的觸覺提示技術已然確立，材料的取得相當容易，不過關於如何在幾乎沒有延遲的狀態下，將眼前物體的觸感傳送給其他人的方法，幾乎不曾有人嘗試過。在學術領域裡，一般都認為即使做出那樣的裝置，也不可能加深對觸感本身的理解。

然而在那之後，我們發現這個純粹基於興趣而研發的觸感即時傳送裝置，不僅能夠完美重現觸感，還能夠用來當作一種輔助工具，幫助我們思考如何使用觸感創造出新的表現方式或溝通形式。

觸感傳送工具組的內容簡單到不能再簡單——只要用膠帶固定好麥克風與振盪器，任何東西都能夠成為觸感感測器或觸感顯示器。這樣的方便性很重要。

本章將介紹我們如何製作出這個裝置與這個裝置的作用。觸覺是佐證我們的現實感的感覺，也是直接影響我們的心情的感覺。正因為如此，觸覺的複製技術應該會在今後對世界帶來重大的變化。至於會是什麼樣的變化呢？就讓我們透過本章一起思考吧。

5-1

如何才能記錄並重現觸感？

——用最基本的組成元素重現複雜的觸感

我們想到要製作記錄觸感、加以重現並傳送給他人的工具組時，第一道阻礙就是使用觸覺能夠感覺到的事物實在太多了。

於是我們決定，第一步要盡可能用最單純的基本工具去構思，因此我們最後選擇的，就是「振動」這個物理原則。

當我們觸摸物體的時候，一旦觸碰到物體表面凹凸不平之處，手指與物體會產生細微的振動，而在此之前也有研究透過記錄這種聲音（接觸音或摩擦振動音），試圖將接觸面的粗細程度記錄下來。

因此我們心想，既然聲音可以用麥克風錄製下來，再透過音響重現，那麼觸感是否也能用麥克風錄製下觸感來源——也就是接觸「觸源」時的振動——然後在增幅器的調整下，透過振動裝置（振盪器）加以重現呢？

海倫．凱勒曾經透過以手指觸摸音響的方式，「聆聽」管弦樂團的音樂。聽說她不僅能分辨節奏或音量，連大提琴或小提琴的音色都能夠準確地聽出差異。由這則軼聞可知，手指的觸覺感受器對於振動有相當高的敏銳度。當然，雖然振動只不過是觸感的一部分，但我們還是有一種預感，認為在某種程度上，藉由觸摸由振盪器所產生的振動，或許可以感覺到觸感。

傳聲用的麥克風與音響是記錄並重現聲音，亦即使空氣振動的工具，因此正好可以將聲音技術直接挪用至觸覺的記錄與重現上。

至此為止，觸覺傳送工具組的基本結構已經定案，包括記錄振動的麥克風、重現振動的振盪器，以及調整重現強度的增幅器。這樣的結構幾乎無異於一套組合音響。唯一的不同就是，我們選擇了頻率介在人類皮膚易感受範圍（一至一千赫茲）的特製振盪器以重現觸感（聲音的頻率範圍更高，介於二十赫茲至二十千赫之間）。

南澤用一個晚上的時間組裝出觸覺傳送工具組。接下來，該如何使用組裝完畢的工具組呢？我們決定先從試做觸感的「傳聲筒」開始著手。

我們先將麥克風與振盪器分別用膠帶貼在二個紙杯上，理由是紙杯與手的大小剛剛好，拿來當作提示觸感的顯示器應該很方便。

我隨意撿起一顆掉在研究室裡的彈珠，放進貼著麥克風的紙杯裡，結果就聽到另一頭拿著振盪器紙杯的共同作者三原發出歡呼聲。

「這個杯子感覺好像放了彈珠一樣！」

三原手中拿著的明明是空無一物的紙杯，他卻感覺裡面好像放了彈珠一樣。一圈一圈地搖晃裝著彈珠的那個紙杯，另一個空紙杯裡也會感覺到好像有彈珠在晃。這讓我們不由自主發出

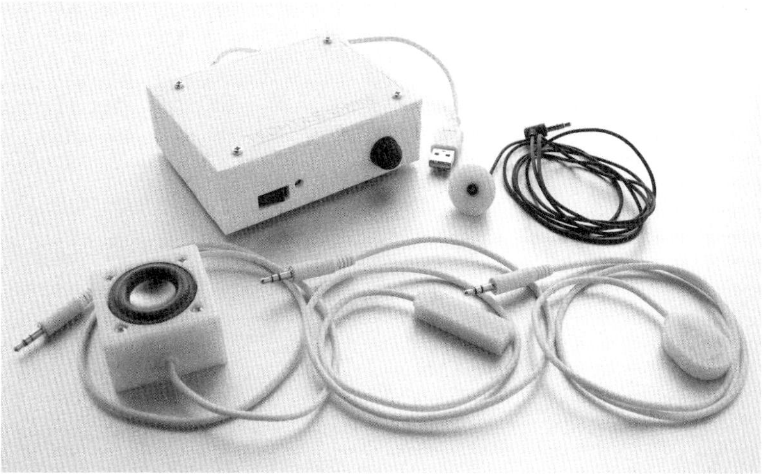

「哇」的驚嘆聲。

這次的成功經驗讓我們非常興奮。我們把研究室裡所有能放進紙杯的東西都放進去了，並在反覆嘗試中，發現可以感覺到沙子的觸感，或是軟糖的觸感不太明顯等等。過程中，不知道哪個人提議說要倒入碳酸飲料，於是我們便去研究室附近的超市買來兩公升裝的寶特瓶飲料，一次又一次地倒進紙杯裡。然後只聽見那些把手放進空紙杯裡的人喊道：「好像有碳酸啵啵啵地在冒泡一樣！」

我至今依然清楚記得第一次重現觸感那天的事。二〇一一年春天，我們在日吉的研究室一角，用現成的技術拼拼湊湊，就這樣開發出了觸感傳送工具組。

5-2

用觸感傳送工具組傳送玻璃彈珠的觸感

——是什麼創造了現實？

我們最初創造出來的，是在紙杯中感覺到彈珠的觸感，而當我們使用觸感傳送工具組舉辦工作坊以後，一開始半信半疑的參加者，全都在這個環節驚訝得瞪大眼睛，不停窺探著紙杯說：「到底發生了什麼事？」甚至還有人不由自主地笑了出來。身為主辦人之一，這是最令我感到開心的一刻。

當彈珠在紙杯中旋轉時，手會感覺到旋轉的方向或速度。如果增加彈珠數量的話，彈珠數量增加與彈珠互相碰撞的觸感也會傳到空紙杯去。假如更換放進紙杯中的材料，亦可重現其他觸感，例如像沙子一般粒徑小的材料，或是像軟糖這種具備柔軟感的材料等等。

設計師兼多摩美術大學教授永原康史，在TECHTILE座談會的討論中說道：

「工具組最有意思的地方，就在於我們幾乎可以斷言觸覺就等於振動了。」並把工具組比喻為立體照片。

儘管我們平時所感知的是三次元的世界，但當它透過立體照片或3D影像顯現出來時，還是會感到驚奇不已。觸覺傳送工具組所提供的，也是這種純粹的驚奇。觸覺傳送工具組可以創造出「有東西在那裡」的感覺，好像我們真的身歷其境一樣。

觸覺傳送工具組的原理明明很單純，幾乎與組合音響無異，為什麼卻能成功創造出真實的觸感體驗呢？

我認為可能是因為在這樣的觸感體驗當中，不僅包含了振動的振幅或模式，還同時加入了外觀或聲音等綜合的因素進去。

從物理上來看，黏在紙杯上的振盪器只是縱向振動而已。由於只會上下振動，因此照理來說，應該不會產生「彈珠在滾動」的移動感才對。如果閉上眼睛、摀住耳朵，光靠觸覺感覺的話，事實上只會感覺到紙杯好像只是在隨機振動而已。

然而一旦用視覺與聽覺捕捉到紙杯與彈珠的資訊，振動就會變成「鮮明的彈珠實在感」，之後即使閉上眼睛、摀住耳朵，也只能夠感覺到彈珠的滾動了。振動模式、視覺、聽覺，再加上手拿著紙杯等身體動作，在種種感覺模態交互作用下，毫無意義的單純振動就會變身成彈珠。

這種現象也可以說是錯覺。

各位曾經步行在靜止的手扶梯上嗎？平常總是持續運轉的手扶梯突然靜止下來，結果就這樣讓你體驗到了腳步變慢，無法好好走路的奇妙感覺。我認為這是

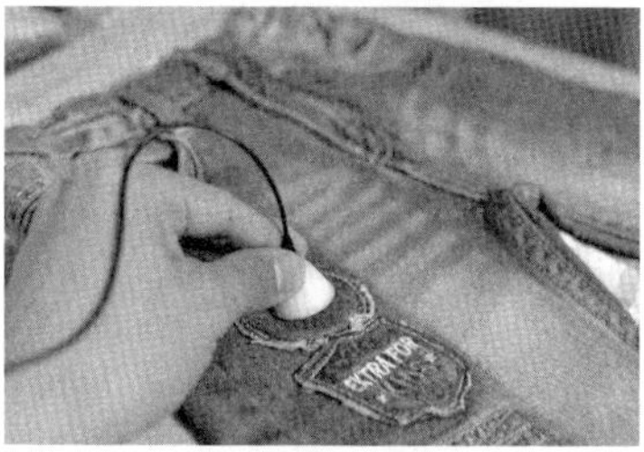

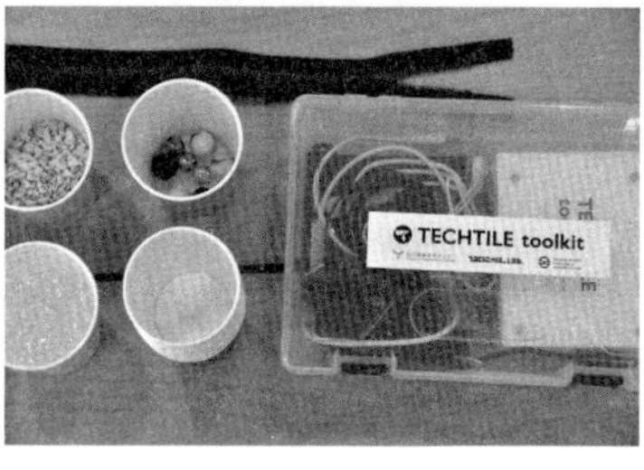

（上）把彈珠放進紙杯裡旋轉
（中）用麥克風記錄直接觸感
（下）可以將各種材料放入紙杯中測試

因為大腦記得手扶梯的運轉模式，使得身體在活動時會下意識地產生預期，因此當預期與實際環境產生落差時，便會出現這種感覺。

同樣地，大腦是否也會從過往的經驗當中，記憶並預期「彈珠滾動的感覺」呢？雖然傳送到手上的感覺，只有上下振動這種資訊量比平時感受更少的體驗，但當視覺、聽覺、身體動作等多種感覺模態同時作用時，大腦就會解讀為「這個振動肯定是彈珠在滾動沒錯」。如此一來，原先已經體驗過多次的「彈珠滾動的感覺」開關就會被打開，讓人感覺到很鮮明的觸感。

各位知道虛擬實境（virtual reality，VR）嗎？這是一種透過頭戴式顯示器給予視聽覺資訊，可以自由操控現實感的技術。這種技術可以經由頭部動作自由地移動視角，同時觀看自己想看的畫面。如此一來，即可體驗自己身在眼前投射出來的世界裡的感覺。

VR體驗特別抽取出人類從世界上感知到的本質性資訊，呈現在體驗者的眼前。因此，和現實相較之下，VR體驗所呈現的資訊量雖然比較少，不過藉由視覺、聽覺以及頭部動作等運動感覺的同步化，我們會將那認知為「現實」。

雖然是與真正的彈珠體驗不同的物理刺激，還是能提供「實質等價」的體驗，從這層意義上來說，觸覺傳送工具組也可說實現了觸感的虛擬實境。

一旦身歷其境地體驗過這些現象，就會愈來愈難以分辨，究竟我們深信不疑的現實世界，是否忠實地反映出外界實相，或者其實是我們的大腦創造出來的世界？想著想著甚至會有些頭暈目眩，尤其觸感是透過身體給予我們無法言傳的理解，因此所帶來的震撼也就更深刻了。

5-3

試做出比以往更刺激的碳酸

——如何放大感覺？

先前在傳送彈珠的觸感時，麥克風與振盪器分別被黏在不同的紙杯上，但接下來的實驗卻是將它們黏在同一個紙杯上。分別在紙杯的底部黏上麥克風，在側面黏上振盪器。換句話說，由麥克風記錄下來的振動，最後會回到同一個紙杯裡。

在這樣的設計下，一旦開啟觸感增幅器的電源，就會很容易發生「回授現象」（振盪器發出的振動進入麥克風以後，再度經由振盪器重現而產

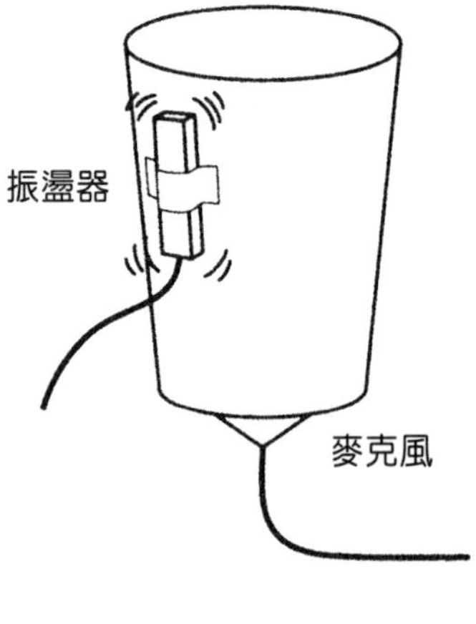

生巨幅振動的現象）。此處的重點是要適度調整增幅器的強度，直到不會再發生回授現象為止。

完成強度的調整後，試著在紙杯內倒入碳酸飲料吧。究竟會發生什麼事呢？首先，倒入杯中的液體會使紙杯變重，接著麥克風會記錄下氣泡感，並由振盪器輸出，讓相同的紙杯振動。在這樣的循環下，手會感覺到被反覆增幅的氣泡感。然後飲用這個紙杯當中的碳酸飲料，連舌頭也能體驗到比平常更強烈的刺激。

只要像這樣使用觸感傳送工具組，就有可能進行觸感的增幅或調整。接下來就從我們所進行的各種嘗試中，介紹另外二個例子吧。

•變大的洋芋片

首先，將麥克風黏在洋芋片的包裝上，接著準備儲水桶之類的大型容器，將振盪器黏在上面以後，打開增幅器的電源。

在這種狀態下使洋芋片的包裝振動摩擦，洋芋片的觸感會被傳送到儲水容器，此時即可體驗到洋芋片包裝變大的感覺。

・替糖果增加霹啪跳動的口感

由應慶義塾大學山岡潤一等人所開發出來的「tag candy」，是一種可以替糖果增加「口感」的裝置（使用觸感傳送工具組也可重現），只要在棒棒糖的下面裝上振盪器並重現振動，即可替普通的糖果增加跳動或刺激等各種口感。

言歸正傳，關於剛才的碳酸飲料，在盡情享受過氣泡感以後，我們關掉了增幅器的電源，結果不知道怎麼回事，碳酸的氣泡感一恢復原狀，感覺就變得有點空虛，一點手感也沒有。明明只是恢復至原本的程度，卻有一種碳酸水突然沒氣的感覺。

我們的感覺被電影、電視或電玩等科技放大後，一開始雖然會有新奇的感覺，但隨著經

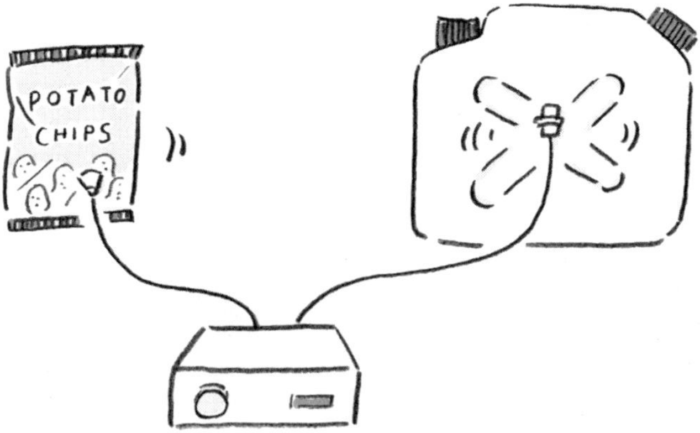

驗的累積，我們也會逐漸習慣那種感覺，並開始接受它為新的現實。

換句話說，我們認為理所當然的自然感覺，說不定已經是經科技放大後的感覺。

不僅是來自視聽媒體發展的影響而已，若從精製砂糖的甜度等例子來思考，我們顯然也已生活在從前幾乎不可能體驗到的「感覺被放大」的世界裡。這就是我們透過觸覺傳送工具組與碳酸飲料實驗得到的體會。

Tag Candy
山岡潤一、木村孝基、大嶋泰介、川鍋徹、中垣拳、速水友里、筧康明

5-4

如何體驗運動選手的身體感覺？

——未來的運動觀賽與運動訓練

在研究室中盡情嘗試過各種物體後，我們決定挑戰重現更加具身性的體驗。我們準備了兩支羽毛球拍，其中一支球拍裝上麥克風，另一支球拍也同樣裝上振盪器。在測試過各個位置後，握把底部似乎是最好的位置。設置完成後，試著用裝著麥克風的羽毛球拍打擊羽毛球，結果正如我們所預期的，另一支球拍也可以清楚感覺到羽毛球碰到羽球線的觸感。不僅如此，連羽毛球偏離球拍中心的感覺或是誤觸到球拍邊緣的感覺，也完整地傳送到另一支球拍上了。

我認為這種虛擬羽毛球的體驗，開啟了運動觀賽在未來的新可能。

現在的競技運動觀賽，觀眾只能在旁觀看運動員的一舉一動，但假使哪一天能夠用電視的副聲道播放觸感訊號的話呢？如此一來，即可在爭取世界冠軍的比賽當中，體驗到選手互相較勁的羽球拍觸感。觀眾將能配合選手的動作揮動羽球拍，一邊觀看決賽一邊用自己的身體感受當下揮拍的快感。電視原本是單向的媒介，但透過觸感的播放，即可讓它改變為放大體驗的具身性媒介。

應慶義塾大學的水品友佑為了實現觸感播放的具體化，研發了一套系統叫「觸感撥放器」（Haptic Broadcast），將日本國民體育大會羽球選手的殺球記錄下來並加以重現。

這套系統有趣的地方在於它可以配合體驗者的動作，將殺球時的觸感慢速播放或倒轉回去。重現觸感的羽球拍上貼著動態捕捉（一種將人體的移動數位化的技術）用的標記，觸感將配合體驗者揮拍的動作再度重現。

此外，同一時間還會重播用高速攝影機錄製下來的畫面。透過這套系統，即可在移動身體的時候，以慢動作的方式，同時從視覺上與觸覺上確認國體選手精細的身體動作軌跡。這樣不僅能夠親身體會什麼是最強的殺球，還能當作進行殺球動作時學習身體技巧的教材。

在此，各位不妨回想一下觸覺接觸鏡單元（三十三頁）中，放大塑膠片底下的物體觸感的例子中，一旦感覺到某個地方有痕跡，之後即使沒有觸覺接觸鏡，也能夠想像痕跡的存在。同理，即使只體驗過一次一流選手的身體感覺，也更容易意識到與自己的動作在身體感覺上的差異。

這是利用具身性進行運動訓練的新方法。讓以往只能透過口述傳達的技術性資訊，透過實際體驗由眾人共享。

順道一提，本書共同作者的南澤，目前正在研發的就是利用觸感科技進行的新型運動，名稱為「超人運動」。他致力於排除年齡、性別、身體障礙等限制，以研發出所有人都能參與的未來運動為目標，並嘗試推動產官學結合。

目前已經設計出各式各樣的競技，例如裝備增強手腳動作的外骨骼套裝，或是用頭戴式顯示器在擴增實境中使出招式等等。有興趣的人，請務必一訪列於注釋中的網站*。

5-5

不用仙女棒，就能重現仙女棒的觸感

——未來會有觸感的擬觸師嗎？

觸感與音樂皆不像視覺能在觀看到的瞬間掌握整體，為了體驗其中的奧妙，必須耗費一段時間悉心鑑賞。

在此，我想介紹一種體驗觸感的方法，也就是有關仙女棒的體驗。這是我們在舉辦工作坊的過程中，由參加者發現後告訴我們的事。

仙女棒的聲音無法直接以觸感的形式記錄下來並加以重現。這種「劈啪」響的高頻音，即使直接經由振盪器轉換為觸感，也無法讓人聯想到仙女棒的體驗，因為仙女棒的聲音擁有一千赫茲以上的高振動頻率，而皮膚幾乎無法感覺到如此高頻率的振動。

因此，我們需要透過其他方法重現仙女棒的觸感。

仙女棒的觸感是什麼樣的呢？我想就是拿在手中的仙女棒會不規則振動的感覺吧！大部分情況下都是「劈啪」作響的微弱觸感，不過有時候又會出現較大的火花，傳來強烈的振動。如此不可預期的形態，正是仙女棒的樂趣所在。

想要做出這樣的觸感，需要使用金屬製的磨缽之類的，表面有規則紋路的東西。最好是圓形或圓錐形、可以連續製造振動的材料。

裝設振盪器的方式，最好盡量讓身體的姿勢接近拿仙女棒時的動作。請回想前文提過的，觸感也是一種觸摸方式。把振盪器裝在塑膠製湯匙的把柄部分，然後用手拎著連接振盪器與增幅器的線材部分，讓湯匙呈垂吊的狀態。

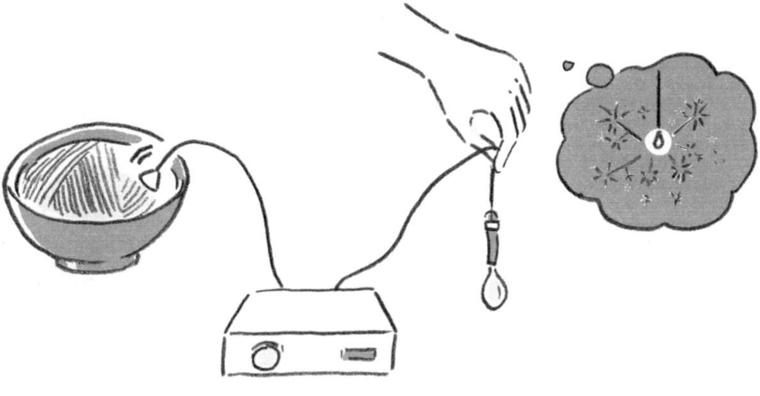

麥克風直接摩擦磨缽表面的紋路。由於摩擦的觸感會傳到振盪器那一端，因此可以試著想像自己在玩仙女棒，同時調整摩擦的速度或強弱。調整麥克風摩擦磨缽的角度也需要訣竅，可以試著找找看什麼角度比較容易收音，什麼角度比較不容易收音。我們大概在開始測試的十分鐘後，就成功地讓拿著湯匙的那隻手感覺到仙女棒的觸感了。

這種嘗試製造仙女棒觸感的過程，就是製造「觸效」的過程，就像製造音效一樣。

各位知道有一種職業叫「擬音師」，是專門製作電影音效的人嗎？他們是一群專業人士，專門用實物以外的東西，創造出我們在電影當中聽見的聲音*。

穿著高跟鞋的女性步行在水泥路上的聲音、兩名男性在激烈決鬥中用軍刀互砍的聲音等，對觀眾而言，在拍攝現場錄製的那些聲音，聽起來都不夠真實，因此擬音師會想方設法製作出聽起來足夠真實的聲音。

出於職業的習慣，他們總是不停地在注意日常生活中聽見的聲音，並將可能有用的聲音素材儲存下來，一旦有工作需要製造音效時，他們就會將那些聲音配進電影裡。

只要使用觸覺傳送工具組，即可將觸感存成資料庫，需要的時候隨時都可以重現。相信在不久的將來，也會出現像擬音師製作音效那樣，以製作「觸效」為業的擬觸師吧？

擬音師也會創作電影中出現的「還不存在的近未來的聲音」。舉例而言，電影《回到未來》中，主角馬蒂·麥佛萊（Marty McFly）在未來使用懸浮滑板時，不是會發出「咻」的低沉滑行音嗎？ＵＦＯ出現時通常會使用的是一種能讓人感覺到飄浮感的奇妙電子音。

在動畫《原子小金剛》中負責音響效果的大野松雄，利用盤式錄音機創造出僅存在於影像中的原子小金剛的腳步聲。那種聲音與地球上任何一種腳步聲都不同。關於大野是以什麼樣的姿態創造出原子小金剛的腳步聲，可以在電影《聽見原子小金剛的腳步聲》（アトムの足音が聞こえる）中獲得解答。

相信未來的擬觸師也能像他一樣，創造出以往從未感受過的觸感吧！就像看電影一樣，讓大家都能夠一起體驗觸感的豐富世界。

5-6

試著「觸摸」心臟

——生物資訊的「可觸化」將如何改變人類？

觸感傳送工具組能夠將平常即使觸摸也難以感覺到的微弱振動記錄下來，並透過增幅讓人感覺到振動。

自古以來，為了了解從外部無法看見的身體內部的狀態，醫生都採用「觸診」的方法，但是只要使用觸覺傳送工具組，任何人都有可能替自己進行觸診，因為這套工具組可以讓我們觸摸到以往無法觸摸到的東西，這就是「可觸化」。

在此，作為可觸化的一種嘗試，我想介紹的例子是「撲通撲通」跳動的心臟。

如果能用自己的手掌感受到心臟的鼓動，那會是什麼感覺呢？雖然有時候會因為跑步等原因感覺到胸口的鼓動，但我們平常並不會特別去注意心臟。即使理智上知道「心臟會持續不斷的跳動」這種普遍的知識，但並沒有機會實際體會到這件事。接下來，就讓我們試著賦予心臟的鼓動一點真實的物質感吧！

首先，在聽診器上加裝麥克風，然後貼在胸口以取得心音。接下來，用剛好可以握在手心大小的振盪器重現心音。

此時只要將振動的振盪器放在手掌上，即可清楚感覺到過去從來沒觸摸過的心臟正在「撲通撲通」地跳動，就好像把真正的心臟拿在手上一樣。血液流動的聲音經過增幅後也清晰可聞，讓人重新體認到自己作為生物的事實。

由於塑膠製的振盪器感覺就像活生生的心臟分身一樣，因此有些人拿到以後，甚至會嚇得不禁鬆手大喊：「哇，好噁心！」這實在是一種難以形容的體驗。

NTT通訊科學基礎研究所的渡邊淳司，目前正在與編舞家暨舞者的川口由衣、大阪大學的安藤英由樹，以及東京都市大學的板倉杏介等人，共同舉辦「心臟野餐」工作坊。在活動當中，他們會藉由自行研發的觸覺設備同步重現心臟的鼓動，並且讓參與者拿在手中自行體驗或交給其他一起參加的人。地點不僅限於室內而已，還可以前往郊外，因此當心臟的狀態隨著奔跑等動作改變時，即可同步感覺到自己或對方的心臟鼓動也在改變。

心臟野餐這項活動，在與模型設計師石橋義正的合作下，進階成為更能體驗實際心臟鼓動的表演藝術。在這場表演當中，所有觀眾都會拿到會發光和振動的「心臟裝置」，也就是一組實物大小的心臟模型。透過這組心臟裝置，觀眾即可用手掌同步感受到川口熱舞時的心音。

渡邊從認知科學家史提凡．哈納德（Stevan Harnad）所提出的「符號落地問題」（symbol-grounding problem）觀點來解釋這個工作坊（渡邊淳司《創造資訊的觸覺智慧》〔情報を生み出す触覚の知性〕），也就是為了達到理解符號的目的，最終必須將該符號所指稱的對象與自己的體驗連結（落地）才行。

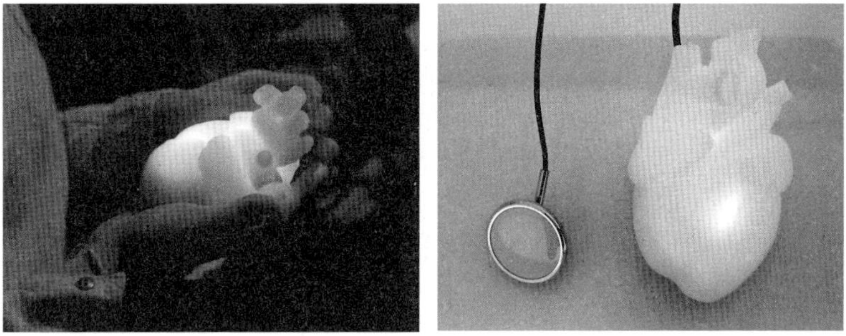

心臟裝置

川口由衣 × 石橋義正「Match Atria」　攝影：福森 Kunihiro

舉例而言，從未實際看過大象的人，即使一再聽聞大象的「鼻子很長、耳朵很大」等描述，也無法全然理解「大象」這個符號的意思。因為辭典上的記述只不過是將原本的符號用其他符號取代而已。

渡邊淳司認為，在心臟野餐中觸摸到的心臟，是一種抽象概念的隱喻，代表平常看不見也摸不到的「生命」。參加者透過這場體驗，即可以符號落地（與自己有所連結）的形式理解生命這個符號。換句話說，就是以具實感的方式「了解」所謂的生命。

聽說一旦參與過這樣的體驗，就會害怕關掉心臟裝置的電源。此外，在參加者之中，也有人表示不太敢輕舉妄動，例如做出把重要的「心臟」放在地上等行為。

就一個觸覺研究者的角度而言，如果除了心跳，連血壓或血糖值等各種生物資訊都「可觸化」的話，我認為這會是一件很有趣的事。

自從Apple Watch或Fitbit等戴在手腕上即可長時間記錄心跳的裝置問世以來，人類已經能夠輕鬆地記錄下自己的生物資訊。不僅是心跳而已，連體溫、睡眠時間、步行數、體脂肪率等資訊，都開始被積極地活用於健康管理上。

利用這些生物資訊可以為我們帶來什麼好處呢？其實這些機器所帶來最直接的回饋，就是有可能改變大腦與身體產生連結的方式。

我們即使心裡想著「要專心」或「要放鬆」，實際上也很難真正做到對吧？大腦雖然會配合專心或放鬆的狀態釋放特定的腦波，但突然被要求說：「請改變你的腦波。」一般人恐怕都無法做到吧？

話雖如此，如果能夠使用腦波儀測量腦波，並即時掌握自己當下的優勢腦波是α波還是θ波，那麼快則十分鐘左右的訓練，即可在一定程度下達到控制腦波的效果。

換句話說，以客觀形式提供以往沒注意到的生物資訊，再透過感覺回饋給大腦，即可獲得新的身體使用方式。這種方法就是「生物回饋法」。

生物回饋法被應用在許多疾病的治療上，例如用即時影像讓慢性疼痛的患者，觀看與疼痛有關的腦區（前扣帶迴皮質）的活動狀況，並透過各種嘗試縮減其活動（例如想像森林裡的畫面等等）。如此一來，即可大幅減輕許多人的疼痛。

同樣地，受制於自律神經系統而無法隨意控制的血壓、心跳、肌肉緊繃等，也可以透過人工裝置將資訊回饋給大腦並學習其控制法。

觸覺可以直接而迅速地認知事物，並且與視聽覺共存，因此運用觸覺原理的生物回饋法似乎可以應用在許多地方。

比方說，開車或開會開到昏昏欲睡的時候，如果有裝置可以透過觸覺提醒你的話，是不是不錯呢？或是察覺到緊張的時候，有沒有什麼觸覺能夠舒緩緊張的呢？除了自己的感覺之外，如果還能透過皮膚感覺，察覺到對方的緊張或不安又如何呢？我想隨著新的技術被發明，我們認識身體或對待身體的方式，也會隨著技術而日益改變。

5-7

用觸感通訊改變舞者的身體動作

——醞釀出嶄新表演的可能性

我們常邀請其他領域的專業人士使用觸覺傳送工具組。很多人都表示，一旦通過觸感這層濾器，大腦迴路就會受到不同於以往的刺激，進而獲得新觀點。

安藤洋子是福賽斯舞蹈公司的舞者，該公司據點位於德國法蘭克福。平時就會在訓練過程中透過觸感注意同伴身體狀態的安藤，第一次接觸觸感傳送工具組時，對我們分享了一段具有啟發性的心得。

她表示，舞蹈在表現性質上是「展現在外的東西」，大家很容易把注意力擺在從外面觀看時的「看法」上。如果能將那份注意力，盡可能轉移到一起跳舞的同伴之間互動時的皮膚感覺上，或許有可能改變舞蹈的品質。她覺得觸覺傳送工具組，似乎可以用來驗證她的想法。

因此，我們決定另外研發出一款無線型的觸覺傳送工具組。改良版的觸覺傳送工具組搭載電池，可透過無線裝置讓裝在身體上的振盪器重現觸感。

我們與安藤洋子一起進行的實驗，目前還停留在基礎的階段。我們正在研究什麼樣的觸感訊號，能讓舞者一邊跳舞一邊清楚地感覺到振動，順利的話，日後有可能讓舞者透過觸感共享並改變跳舞的方式。

舉例而言，「Shyuwappu-ring」（しゅわップring）這個結合踢踏舞與手語的表演團體，曾經將麥克風裝在她們跳踢踏舞的舞台上，然後將大型振盪器裝在觀眾席，好讓觀眾透過全身的振動體驗踢踏舞表演*。

許多表演藝術團體曾經嘗試將科技融入當代舞當中，例如活躍於一九九〇年代的「聾劇團」（Dumb Type）等等，不過在表演者的身體表現當中加入「觸覺」仍是一個全新的嘗試。究竟日後會出現什麼樣的表演，就讓我們拭目以待。

5-8 和孩子一起幫繪本加上觸感吧

——激發想像力的觸感

接下來我想介紹另一個使用觸覺傳送工具組的全新表現方式。

小孩子真的很喜歡東摸摸西摸摸，無論看到什麼東西，都想要上前摸一摸，即便看在大人眼裡，這是一件多麼危險的事。

有一種使用觸覺傳送工具組的工作坊，就是針對這些堪稱觸摸專家的孩童而設計。

應慶義塾大學研究所媒體設計研究科，舉辦過許多場製作兒童繪本的工作坊。他們的繪本可不是普通的繪本，而是一種名為「數位繪本」的互動式繪本，使用的是iPad等電子產品的資訊媒體技術，圖畫會配合閱讀的動作移動或發出聲音。他們向我們提出的構想，就是把觸感融入數位繪本裡。

首先，由小孩子口頭描述，他們想讓什麼樣的生物出現在繪本裡？那些生物會出現在早、中、晚的哪個時段？有什麼樣的特徵？經過上述的想像以後，再請他們實際把那些生物描繪出來，然後將他們描繪的生物掃成圖檔。

下一步，是替他們描繪的生物創造觸感。那些生物摸起來有什麼感覺呢？正中央的桌上擺著各種觸感材料，運用這些材料和觸感傳送工具組將觸感結合進去。

我也參與了那場工作坊，並且驚奇地發現，孩子們都很積極地拿各種材料過來，拜託我幫他們記錄下那些觸感。

莫那利曾如此寫道：「一輩子／保持一顆／赤子之心／就是保持／求知的好奇心／知之的喜悅／以及渴望表達的心情*。」確實，

參與工作坊的成人試過二、三種材料以後就膩了，但孩子卻擁有無限的好奇心，總是持續不斷地蒐集各種觸感交給我。在他們替幻想中的生物創造觸感的身影中，我彷彿看到了真正的「擬觸師」。

實際體驗過完成的作品後，我們更加驚訝了。因為被設定在生物身上的觸感，實在非常豐富。舉例而言，有些孩子用貝殼摩擦的聲音製作出腳步聲，有些孩子用葉片堆疊的聲音營造出小鳥振翅的感覺。正因為孩子們沒有刻板印象，才能夠搭配出以往從未見過的組合。

在孩子們活潑生動的筆觸下，那些結合觸感的繪本角色，彷彿被賦予了真正的生命。

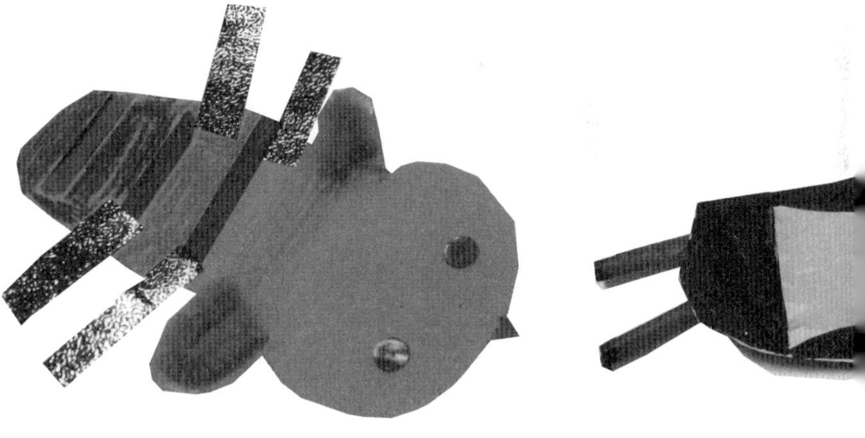

5-9

用皮膚「看」或「聽」的時代

——額頭可以代替視網膜？

在無法倚賴其他感覺時，結合觸覺的設計特別能夠發揮效用。

在浴室洗頭髮的時候，你是否曾經因為無法分辨洗髮乳與潤髮乳而感到困擾呢？事實上，即使閉著眼睛，還是有辦法摸出其中差異，因為幾乎所有洗髮精的瓶身側面，都有一凹一凸的刻痕。

這種巧思又稱「識別線」，在一九九〇年代正式被應用在產品中。目前已成為日本工業

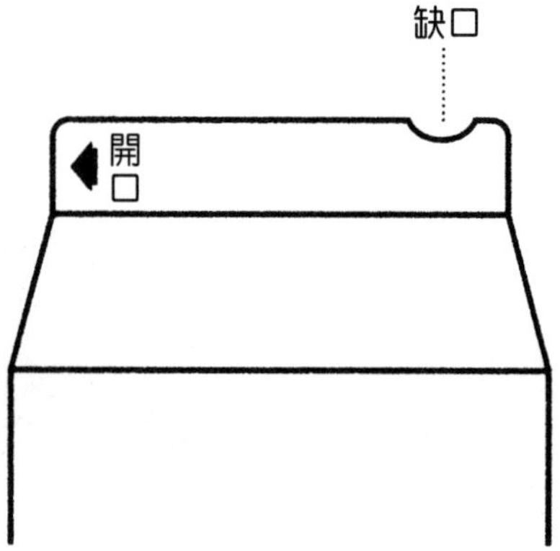

鮮奶盒的缺口

標準所規範的通用設計之一。

像是鮮奶盒的上面，在開口處的另一端有一個半圓形的缺口（果汁有二個），只要用手觸摸即可分辨飲料的種類和開口的位置。

此類觸覺設計不僅對眼睛看不見的人有幫助，對沒有視覺障礙的人來說也很方便。作為生活支援型觸覺設計的強力後盾，觸覺科技是目前深受期待的領域。

電子通訊大學的梶本裕之博士長年致力於電子觸覺顯示器的研發。在他的協助下，菅野米藏研發出了一款名為「視障前額導盲儀」（AuxDeco）的電子觸覺顯示器，目的是替視障者提供生活支援。

視障前額導盲儀的組成內容，包括一台頭戴式的小型攝影機，和裝置在額頭上的前額綁帶。這套儀器會從攝影機錄製的畫面擷取輪廓線，再透過電子訊號刺激使用者的額頭。在前額綁帶上五百一十二個電極所發出的經皮電刺激下，使用者會從額頭感覺到振動，並即時掌握眼前的景象。

菅野米藏當初會研發這個系統，據說是因為他讀到一篇由依芙琳．葛蘭妮（Evelyn Glennie）所寫的文章。葛蘭妮是一位蘇格蘭打擊樂手，天生就是聾啞人士的她，在經過訓練之後成為專業的打擊樂手，憑著感受腳底的振動與管弦樂團一起演奏。人類的大腦擁有驚人的柔軟度。菅野得知腳底可以代替鼓膜後，便鼓起勇氣投入研發，想試試看能不能用額頭來代替視網膜。

菅野在TECHTILE座談會上分享了以下這件事：

有一位戴了AuxDeco的體驗者，親口說出「我看見了！」這樣的話喔！我絕對不可能問說：「你看得見嗎？」因為我不覺得這種感覺叫做「看見」。然而身為盲人的那孩子，竟然親口說出了「看見」這樣的話。老實說，我當下內心只有一個想法：「太好了，我做到了！」

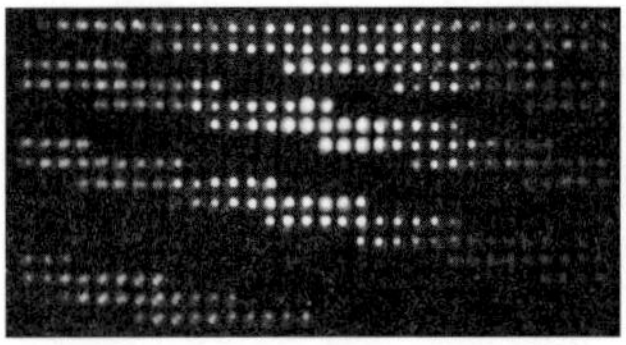

AuxDeco 使用示意圖

相片提供：EyePlusPlus, Inc.

配戴AuxDeco的人說出「看見」這樣的詞語時，我想應該不是出於表達上的習慣，而是因為他真的感覺自己「看見」了。另外也有後天失明者表示：「好像浮現出黑白照片的影像一樣。」他們用皮膚「看見」的東西或許與非視覺障礙者看見的東西不同，但在感知外界的光學模式上應該可視為同一件事。

接下來，就來介紹一個嘗試用皮膚代替鼓膜的例子吧。

日本公立函館未來大學研究所的本多達也，研發出一款專為聾胞設計的生活支援型觸覺裝置，取名為「ONTENNA」。這款裝置的名字是由日文的「音（on）」與「天線（antenna）」所組成，造型就像髮夾一樣，可以輕鬆地夾在頭髮上，裡面則附有麥克風與振

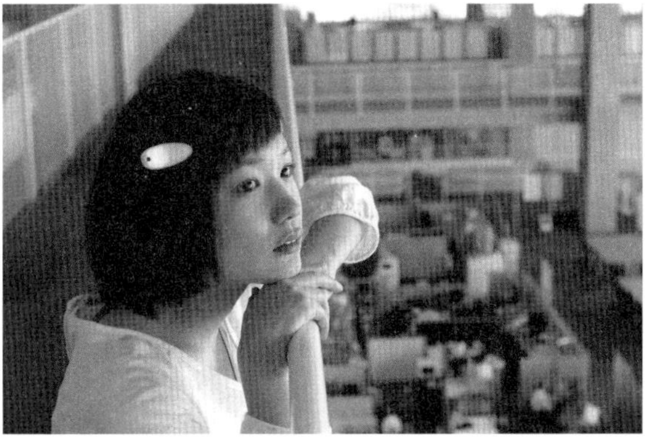

「ONTENNA」使用示意圖
相片提供：本多達也

盪器，一旦周圍有任何聲音響起，它就會一邊發光一邊振動。

耳朵聽不見的人走在路上時，經常會碰到一種很危險的情況，就是聽不見後方來車的聲音。此外，水燒開或吸塵器插頭脫落的時候，也很難察覺到這些變化。在這樣的情況下，如果身上戴著ONTENNA的話，就能夠藉由觸感察覺到環境的變化。因為外型設計成圓弧狀的髮夾造型，所以可以很自然地當作裝飾品配戴在身上（另外也有耳環的造型）。

這樣的觸感科技有望在未來更加廣泛地被應用在視聽覺資訊過剩的現代生活中。此外，在高齡者逐年增加的日本，這種無論身體是否有障礙都能夠提供我們安全和快樂生活的觸感科技，相信今後也會愈來愈重要吧。

身為TECHTILE的推動者，我們也希望能提出更多方法，讓大家更加親近觸覺，過著更美滿的生活。

終章　觸感新世界

觸感的藝術與技術的未來

觸覺的討論不僅限於科學與技術等領域，舉凡文學、藝術、文化人類學等都看得到觸覺的蹤跡，不過，目前有關觸感的言論都是發散式的，似乎還不足以形成「觸覺文化」。如果能將普羅大眾體驗到的、與觸覺或觸感相關的經驗橫向串連出有機的連結，究竟會發生什麼事呢？我們就是為了見證這些，才持續推行TECHTILE活動至今。

所謂的藝術，一方面強烈反映出社會實態，一方面也肩負著展現人們尚未體驗過的新價值觀的責任。我們相信在不久的將來，一定會有人透過藝術體現觸覺文化——但那會是什麼樣的作品呢？

走進美術館時，每一具鑑賞作品的身體，都會被當作不存在般對待。多數情況下，作品旁還會標示出「請勿觸摸」的注意事項，即使是具身性的戲劇演出或表演藝術，觀眾也被規定只能靜靜觀賞或聆聽。鑑賞時結合觸摸動作的「觸覺藝術」，目前還不存在。

即使如此，還是有部分藝術家走在時代尖端，嘗試在作品中設計出「觸感場域」，讓親臨該場所的鑑賞者能夠藉由置身其中，透過全身來感受作品的內容。例如雕刻家野口勇懷抱著「打造兒童遊樂場」的理念，設計出北海道札幌市的莫埃來沼公園、荒川修作與瑪德琳·琴斯（Madeline Gins）在岐阜設計的「養老天命反轉地」、位於瀨戶內海豐島美術館的內藤禮的《母型》等等，都是屬於這類的作品。

雖然不曉得會以何種形式出現，但我們認為以觸摸為主軸的藝術應該就快誕生了，因為提供或表現觸感的科技終於開始普及。隨著相對便宜的雷射切割或3D列印機問世，任何人都能夠輕鬆加入自己動手做的行列。

結合觸感的IT技術發展也在加速，觸感科技已成為龐大資本挹注的目標。經營網路搜尋引擎的谷歌公司（Google）成立了一個先進科技計畫小組（Advanced Technology and Projects Group）的研究團隊，目前正在開發用身體動作操控電腦的新技術。這樣的技術，假設被結合進衣服裡，未來想連結網路上的資訊或寄送電子郵件，或許只需要做出像拍灰塵一般自然的動作就能完成了。

資訊與物質世界之間的隔閡逐漸消弭，也有人想出了材質編碼（code for material）的概念，也就是研究如何利用化學反應或生物科技來設計材質的特性，並賦予形狀、色彩、姿態等動態回饋，例如配合氣候變化的建築、一流汗就會改變質地的布料、需要時才會浮現按鈕的裝置等等。照這樣發展下去，即使不用虛擬方式改變觸感，周遭物體實際的觸感呈現動態及互動式變化的時代也遲早會來臨。當材質進化以後，下一步就輪到負責感受的身體產生改變了。如此令人期待的觸感未來已近在眼前。

踏上尋找觸感之路

這本書介紹了許多喚醒觸覺的方法。最後我們想推薦的，就是來一趟小旅行，踏上尋找觸感之路。

即使沒有時間遠行，稍微出門走走也能遇見許多觸感。第一步就先從發現觸感開始吧。咖吵咖吵、啪噠啪噠、唊哩唊哩……步行的時候，腳也會有觸感。正如本書所述，觸感可以從五感當中獲得，而且我們也會捕捉來自自己身體周圍空間的資訊。說不定根本沒有必要將感覺區分成五感。

試著把注意力集中在「身體正在感覺」這件事情本身吧！我想你一定會發現

各種觸感的。如果找到喜歡的東西，不妨把它帶回家吧。觸感的紀念品有可能是葉片，也有可能是小石子都是「我曾經去過那裡」的證據。

人活著總是會替物品編織故事。禮物的價值不在於物體本身的貴重程度，而是因為「某個人在那個時候送給我」，所以才格外珍貴。一旦經過自己的觸碰，就會變成保存當時體驗記憶的物品。

記憶或心願既沒有實體又飄忽不定，也許正因為人類本身也是無法丈量的存在，所以

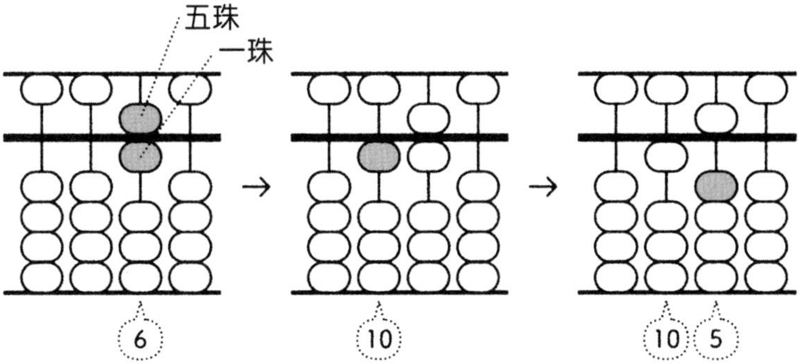

用算盤計算 6 ＋ 9 ＝ 15

※ 灰色的珠子代表剛撥動的珠子。

① 先撥好「6」：把五珠撥下來，一珠撥上去，即代表「6」。

② 想要加上「9」，但個位數的珠子不夠，所以把左邊十位數的一珠向上撥 1 顆。這樣就加上「10」了。

③ 由於原本想加的數字是「9」，因此在個位數的地方扣掉 9 與實際加的 10 的差異 1，也就是向下撥動 1 顆一珠。撥完以後，從珠子的配置即可看出答案是「15」。

才會想在某人過世後建造墓碑，將他的存在刻畫在實物上吧。

如果只為了留下記錄，或許可以用照片或聲音替代，但我總覺得觸摸得到的物體，似乎肩負著某種可以說是唯一性、也可以說是個別性的使命。

我或某人「過去」確實「存在」在那裡。能證明這件事的，是「現在」正「存在」在這裡的物體。正因為用身體接觸過物體，並清楚感覺到該物體的「重量」，所以才能夠如此實在地感受到這種存在的感覺。

藉由觸摸理解世界

以下是我個人的經驗。在我小學三年級時，我不懂得如何計算超過十以上的加法。理由非常簡單，因為我只有十根手指，所以我無法理解為什麼超過十以後，還能夠計算數字。

幸運的是，升上四年級以後，我開始到附近的珠算教室學習計算的概念。算盤是一種非常觸覺式的計算機，每一顆珠子都代表一個數字，可以一邊觸摸數字一邊進行計算。對我而言，算盤就是算數概念經「實體化」後的物體。學會使用算盤以後，就算沒有算盤，我也懂得如何算數了。

我所面臨的這種學習困難或許並不常見，但我認為這段經驗還是能夠解釋一件事，就是「觸摸」是理解抽象事物的基礎能力。使用身體觸摸物體，不就是我們在理解世界時，最基本的做法嗎？

設計之於兒童

學習各種外界事物、掌握抽象概念的兒童時期，可說是最需要觸感的時期。最後在這裡，我想介紹一個我在紐約現代藝術博物館看過的展覽，展覽的主題是「兒童的世紀——透過設計成長」（Century of the Child: Growing by Design, 1900-2000）。

二十世紀是許多科技誕生的時代，也是人們開始思考孩子應該如何度過兒童時期的時代。

我在參觀這場展覽的過程中發現，平常隨意使用的繪本、玩具、教室桌椅、運動場或遊樂器材，其實都融合了許多美學的巧思或設計在內。

舉例而言，在義大利醫生瑪麗亞・蒙特梭利（Maria Montessori）設計的教育方法中，由於兒童的五感有特別敏感的時期，因此使用的蒙特梭利教具就是專門用來培育五感的特製玩具，像是透過具體實物培養對數字或數量之想像力的算盤類教具、培養分類或整合等邏輯思考力的彩色積木類教具，其他還有「觸覺板」或「音感鐘」等教具。蒙特梭利教育似乎特別鼓勵使用手指進行各種活動。

另外，一九五八年問世的樂高積木，則是使用ABS樹脂製作的積木型玩具，當年ABS樹脂才剛邁入大量生產期（樂高材料全面變更為ABS樹脂是

蒙特梭利教育中使用的
部分教具

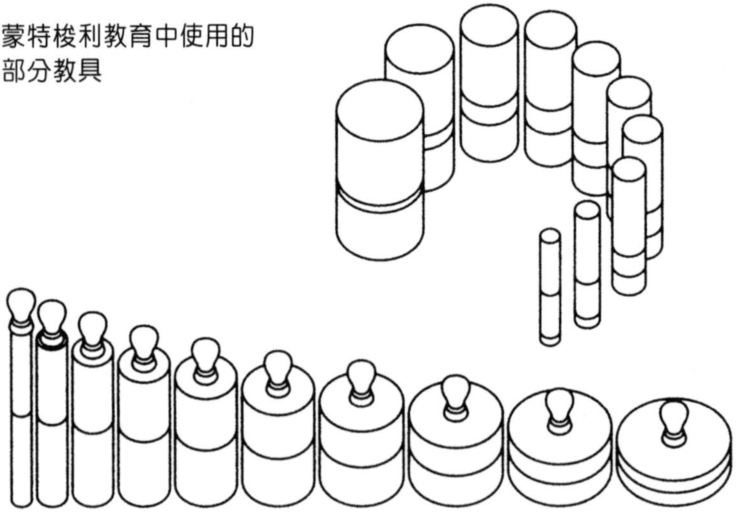

一九六三年的事）。這種玩具的厲害之處在於組合積木時，積木會吻合得相當牢固，而且把積木堆得高高的，還可以很直覺式地學習如何組成立體結構。

此外，莫那利設計的玩具猴「吱吱」，表面使用的是柔軟的發泡材料，可以隨意彎曲成各種姿勢，簡直就是一款標準的觸覺玩具。

仔細觀察就會發現，這些產品大多都很柔軟，或是形狀容易抓取，以兒童的觸覺為訴求，在設計上融入可以刺激觸覺發展的巧思。與玩具、遊樂器材共度的時間，會一輩子牢牢地刻在記憶裡。想必設計師們都深刻理解這件事。

靠觸摸延續生命

儘管觸覺將我們與他人區隔開來，但我想在某些時候，它依然是守護我們的最後一道防線。心理學家河合隼雄曾經說過這麼一段話：

「人類想要深入確認自我的存在時，觸覺應該是很重要的角色吧。……因為「觸摸」是毫無保留的心靈接觸，所以我們才會為此動心。」

《河合隼雄的幸福論》日本PHP研究所

此外，小說家村上春樹在回顧與河合隼雄的對談時，曾經說過以下這段話：

「雖然我們時不時地見面談話，但我幾乎不記得當時說了些什麼。……老實說，我覺得那樣也沒什麼關係，因為當時在那裡最重要的東西，反倒不是我們談了些什麼，而是我們曾經在那裡共有某種東西的『物理上的實感』。」

〈靈魂最深處〉《沉思者》二〇一三年夏季號 新潮社

在最後的最後，我想強調，請相信靠皮膚感覺直覺感受到的東西，或者應該說是「物理上的實感」——眼睛可以閉上，耳朵可以摀住，鼻子可以捏起，嘴巴可以闔上，但觸覺卻無法關閉。無論視聽覺媒體如何發展，連繫「我」和世界的

樂高積木（LEGO® Duplos）攝影：Arto Alanenpää / CC BY-SA 4.0

莫那利「ZIZI」 相片提供：惠文社一乘寺店

觸覺是無法切斷的。

觸感是人的一生中支持人類生存非常重要的一種感覺。透過觸覺，我們能夠體貼對方，能夠對他人的付出產生感激之情。正因為擁有觸感，我們才能夠善待他人。

在解說觸感傳送工具組的第五章裡，我們提到在視聽覺之外加入運動感覺，能夠創造出人工的現實感。如果在這種虛擬實境體驗當中加入「觸感」，會發生什麼事呢？

我個人認為在這種情況下會出現的，是情感上的現實感。由觸感所引起的情感，應該會以超越一般常識的實感，長驅直入我們的內心深處。那將會為我們帶來被這個世界所接受的感覺，成為我們每天生活的動力來源。我想將這種體驗命名為「情感實境」（emotional reality）。

在各種資訊化科技日益進步、物體與資訊的隔閡逐漸被消弭的二十一世紀，我真心認為從今以後需要的是結合觸感的體驗。《史努比》中的奈勒斯藉由隨身攜帶藍色毛毯得到安心與自信。各國首腦藉由握手致意確認彼此的信任。對於再也見不到的人，靠著拿起充滿回憶的東西與記憶產生連結。

獲得情感上的實感。

獲得自我存在無庸置疑被肯定的感覺。

為了讓人們獲得這些感覺，我們想要持續創造出新的觸感體驗。

這就是我們TECHTILE正在努力創造的未來。

謝辭

在本書的執筆過程中，我們真的得到許多人寶貴的意見。青山拓央先生、安藤洋子女士、門林岳史先生、菅野米・先生、佐野明人先生、城一裕先生、永原康史先生、名和晃平先生、松井茂先生、渡邊淳司先生、粕谷京子女士、吉田知文先生（Techno 手藝部）、前野隆司先生、Vincent Hayward 先生、Ellen A. Lumpkin 先生、John M. Kennedy 先生、傳田光洋先生、武藤浩史先生、梶本裕之先生、齋藤達也先生、Yon Vissel 先生、田中由浩先生、大脇理智先生、角田直美女士、小原亘先生、永野光先生、若澤佑典先生、花光宣尚先生、柴崎美奈女士、田中博和先生、Marie-Stephanie Soutre 女士、吉村穗乃花女士，感謝大家耐心回應我們的臨時請託或提問。

本書的內容是以山口資訊藝術中心（YCAM）InterLab Camp Vol. 2 “TECHTILE”中的對話交流與研究成果為基礎，深入討論後的結果。本書受到科研費特別研究員獎勵費（12J07585）、JST ACCEL「具身性媒體」計畫的支援。ACCEL 研究的代表人舘暲教授，更對我們無止盡的提問展現出最大的包容。

負責裝幀的 ASIL 公司佐藤直樹先生、菊地昌隆先生，讓這本書成為從外觀與質地上都能感覺到觸感的完美作品。是澤悠子女士將本書看起來很困難的圖示，畫成了有輕盈包覆感的插畫。DTP 的濱井信作先生對於我們連日連夜的多次請求，也給予迅速的回應。另外也非常難得地請到山本貴光先生協助監修觸感年表，在我們拜讀其著作《心腦問題》（*心脳問題*）後，完全被其魅力折服。

朝日出版社第二編輯部的大槻美和女士，在將近兩年的期間內，已經可以說是與我們並肩齊行，而不只是陪同在側了。同社的鈴木久仁子女士也在絕佳的時機對我們伸出援手。對於在談論本書企畫時，提醒我們哲學與觸感的關聯的赤井茂樹先生，希望本書的內容多少能夠回答到您給我們的課題。在此向各位致上謝意。

2011 年 12 月 13 日，前作《創造觸感》（触感をつくる）付梓後，隨即在昭日出版社的會議室展開本書的企畫。在接下來的四年期間，我們持續往返於筧所在的波士頓、三原所在的澳洲、仲谷所在的紐約，以及南澤盡情揮灑汗水的東京之間，努力推廣 TECHTILE 的活動。即使土地相隔遙遠，最後能夠依賴的還是成員之間的羈絆。可以共事是很幸福的一件事。衷心感謝所有支持我們的家人。

最後，請讓我在此提及 2015 年 8 月 30 日辭世的薩克斯博士。我當初會選擇研究之路，就是受其著作所影響。這本書的一字一句都包含著我對博士的尊敬。但願我未來在工作上也能效法薩克斯博士，恭謹謙和地影響每一個人的人生。

天降雙子座流星雨的東京之夜
謹代表所有作者 2015 年 12 月 15 日 仲谷正史

Onomatopace: 足触り触感を磨く感性シールデバイス」『人工知能学会　第17回身体知研究会』SKL-17-02:6-16, 2014
P. 152　安藤洋子さんのワークショップより
P. 153　Prof. m.c. Schraefel のワークショップより
P. 155　Iriki A, Tanaka M, Iwamura Y, Coding of modified body schema during tool use by macaque postcentral neurones. Neurorport, 7(14):2325-30, 1996.
及び、入来篤史『Homo faber 道具を使うサル』医学書院、2004
図版は Maravita A, Iriki A, Tools for the body (schema). Trends Cogn Sci, 8(2):79-86, 2004 より入来篤史博士の許可をいただいて作図
P. 158　アリストテレス『問題集』第35巻
P. 159　Blakemore SJ, Wolpert DM, Frith CD, Central cancellation of self-produced tickle sensation. lNat Neurosci, 1(7):635-40, 1998.
P. 161　Botvinick M, Cohen J, Rubber hands 'feel' touch that eye see. Nature, 391:756, 1998.
P. 162　* Kanaya S, Matsushima Y, Yokosawa K, Does Seeing Ice Really Feel Cold? Visual-Thermal Interaction under an Illusory Body- Ownership. PLoS ONE 7(11):e47293, 2012.
** Moseley GL, Olthof N, Venema A, Don S, Wijers M, Gallace A, Spence C, Psychologically Induced cooling by the illusory ownership of an artificial counterpart. Proc Natl Acad Sci USA, 105(35):13169-73, 2008.
P. 164　Ehrsson HH, The experimental induction of out-of-body experiences. Science, 317:1048, 2007.
P. 165　* V・S・ラマチャンドラン、サンドラ・ブレイクスリー『脳のなかの幽霊』山下篤子訳、角川書店、1999、のち角川文庫、2011
P. 166　Case LK, Gosavi R, Ramachandran VS, Heightened motor and sensory(mirror-touch) referral induced by nerve block or topical anesthetic. Neuropsychologia, 51(10):1823-8, 2013.
P. 168　Tai K, Zheng X, Narayanan J, Touching a teddy bear mitigates negative effects of social exclusion to increase prosocial behavior. Soc Psychol Person Sci, 2:618-626, 2011.
P. 169　Koole SL, Tjew A Sin M, Schnelder IK, Embodied terror management: interpersonal touch alleviates existential concerns among individuals with low self-esteem. Psychol Sci, 25(1):30-7, 2014.
P. 175　Grewen KM, Anderson BJ, Girdler SS, Light KC, Warm partner contact is related to lower cardiovascular reactivity. Behav Med, 29(3):123-30,2003.
P. 177　Sumioka H, Nakae A, Kanai R, Ishiguro H, Huggable communication medium decreases cortisol levels. Sci Rep, 3:3034, 2013.

第5章

P. 200　http://superhuman-sports.org/
P. 203　デイヴィッド・ゾンネンシャイン『Sound Design 映画を響かせる「音」のつくり方』シカ・マッケンジー訳、フィルムアート社、2015
P. 212　http://www.miraikan.jst.go.jp/event/1511121519110.html
P. 214　ブルーノ・ムナーリ『ムナーリのことば』阿部雅世訳、平凡社、2009

参考文献

——　岩村吉晃『たっち　神経心理学コレクション』医学書院、2001
——　東山篤規、谷口俊治、宮岡徹、佐藤愛子『触覚と痛み』ブレーン出版、2000
——　Lynette A. Jones, Susan J. Lederman, Human Hand Function. Oxford University Press, 2006.
——　Lawrence Shapiro, Embodied Cognition (New Problems of Philosophy), Routledge, 2010.

Sadato N, Practice makes perfect: the neural substrates of tactile discrimination by Mah-Jong experts include the primary visual cortex. BMC Neurosci, 7:79,2006.

P. 101 Johannes Itten, Design and Form: The Basic Course at the Bauhaus and Later; Revised edition. Van Nostrand Reinhold, 1975.(P.100、101 圖亦出自此)

P. 105 Kennett S, Taylor-Clarke M, Haggard P, Noninformative vision improves the spatial resolution of touch in humans. Curr Biol, 11(15):1188-91, 2001.

P. 109 エミル・ベルナール『回想のセザンヌ』有島生馬訳、岩波文庫、1953

P. 110 ガスケ『セザンヌ』与謝野文子訳、2009

P. 112 * 門林岳史『ホワッチャドゥーイン、マーシャル・マクルーハン?:感性論的メディア論』NTT 出版、2009

** アードルフ・フォン・ヒルデブラント『造形芸術における形の問題』加藤哲弘訳、中央公論美術出版、1993

*** ハインリヒ・ヴェルフリン『美術史の基礎概念:近世美術における様式発展の問題』海津忠雄訳、慶應義塾大学出版会、2000

**** ヴァルター・ベンヤミン『図説　写真小史』久保哲司訳、ちくま学芸文庫、1998

P. 118 * Zampini M, Spence C, The role of auditory cues in modulating the perceived crispness and staleness of potato chips. J Sens Sci, 19:347-363, 2004.

** Jousmäki V, Hari R, Parchment-skin illusion: sound-biased touch. Curr Biol, 8(6):R190, 1998.

P. 119 * Suzuki Y, Gyoba J, Sakamoto S, Selective effects of auditory stimuli on tactile roughness perception. Brain Res, 1242:87-94, 2008.

** http://www.asahipress.com/extra/shokuraku/index.html

P. 122 「AXIS フォーラム　阿部雅世さん講演レポート」、ウェブサイト「jiku」(株式会社アクシス) http://www.axisjiku.com/jp/2009/12/16/

P. 123 * Hanson-Vaux G, Crisinel A, Spence C, Smelling shapes: crossmodal correspondences between odors and shapes. Chem Senses, 38(2):161-6, 2013.

** http://luululu.com/index2.html

P. 127 Kennedy JM, Metaphoric pictures devised by an early-blind adult on her own initiative. Perception, 37(11):1720-8, 2008.

P. 131 前掲『心とは何か』

P. 132 中村雄二郎『共通感覚論』岩波現代選書、1979、のちに岩波現代文庫、2000

P. 133 Schaefer M, Denke C, Heinze HJ, Rotte M, Rough primes and rough conversations: evidence for a modality-specific basis to mental metaphors. Soc Cogn Affect Neurosci, 9(11):1653-9,2014.

P. 135 * Eisenberger NI, Lieberman MD, Williams KD, Does rejection hurt? An FMRI study of social exclusion. Science, 302(5643):290-2, 2003.

** V・S・ラマチャンドラン『脳のなかの天使』山下篤子訳、角川書店、2013

第4章

P. 140 佐藤雅彦、斎藤達也『指を置く』美術出版社、2014、pp. 53-54

P. 145 * NHK「サイエンス ZERO　シリーズ五感の迷宮V　触覚　進化が磨いた高感度センサー」2010 年 9 月 25 日放送

** Elbert T, Pantev C, Wienbruch C, Rockstroh B, Taub E, Increased cortical representation of the left hand in string players. Science 270, 305-307,1995.

***Gindrat AD, Chytris M, Balerna M, Rouiller EM, Ghosh A, Use-dependent cortical processing from fingertips in touchscreen phone users. SCurr Biol, 25(1):109-16, 2015.

P. 147 諏訪正樹、筧康明、西原由実「

P. 063　Nakatani M, Kawasoe T, Denda M, Sex difference in human fingertip recognition of micron-level randomness as unpleasant. Int J Cosmet Sci, 33(4):346-50, 2011

P. 065　Baumbauer KM, DeBerry JJ, Adelman PC, Miller RH, Hachisuka J, Lee KH, Rose SE, KOERber HR, Davis BM, Albers KM, Keratinocytes can modulate and directly initiate nociceptive responses, Elife, Sep 2, 2015.

P. 067　* Richardson KA, Imhoff TT. Grigg P, Collins JJ, Using electrical noise to enhance the ability of humans to detect subthreshold mechanical cutaneousstimuli. Chaos,8(3):599-603, 1998.

** Kurita Y, Shinohara M, Ueda J, Wearable sensorimotor enhancer for fingertip based on stochastic resonance effect. IEEE Trans Hum Mach Syst, i043L333-337,2013.

***Enders LR, Hur P, Johnson MJ, Seo NJ, Remote vibrotactile noise improves light touch sensation in stroke survivors' fingertips via stochastic resonance. J Neuroeng Rehabil. 10:105, 2013.

P. 068　* Russell DF, Wilknes LA, Moss F, Use of behavioural stochastic resonance by paddle fish for feeding. Nature 402:291-294, 1999.

** Kiu W, Lipsitz LA, Montero-Odasso M, Bean J, Kerrigan DC, Collins JJ, Noise-enhanced vibrotactile sensitivity in older adults, patients with stroke, and patients with diabeticneurophy. Arch Phys Med Rehabil, 83(2):171-6, 2002.

P. 072　* 佐野明人、田中由浩、黒川直樹、堀博貴、藤本英雄「ヒト指と対向しVHIを発見する人工指と傾斜触刺激の効果」『ロボティクス・メカトロニクス講演会講演概要集』2010

** 望山洋、佐野明人、武居直行、菊植亮、丸井健一、垣内亮佳、藤本英雄「線状触刺激によるハプティックイリュージョン：相対運動のイリュージョンへの影響」『日本機械学会ロボティクス・メカトロニクス講演会2005講演論文集』2005

***Vincent Hayward, A brief taxonomy of tactile illusions and demonstrations that can be done in a hardware store. Brain Research Bulletin, 75(6):742-752,2008.

Lederman SJ, Jones LA, Tactile and Haptic Illusions. Haptics, 4(4):273-294, 2011.

P.073　Hayward V, Cruz-Hernandez M, Tactile display device using distributed lateral skin stretch. Proceedings of the Haptic Interfaces for Virtual Environment and Teleoperator Systems Symposium, ASME, Vol. DSC-69-2:1309-1314, 2000.

P.074　Nakatani M, Howe RD, Tachi S, Surface texture can bias tactile form perception, Exp Brain Res, 208(1):151-6, 2011

P. 078　Green BG, Localization of thermal sensation. An illusion, Perception & Psychophysics, 22(4):331-337, 1977.

P. 087　Nonomura Y, Miura T, Miyashita T, Asao Y, Shirado H, Makino Y, Maeno T, How to identify water from thickener aqueous solution by touch, Journal of Royal Society Interface, 9(71):1216-1223, 2012.

P. 088　ダーヴィット・カッツ『触覚の世界：実験現象学の地平』東山篤規、岩切絹代訳、新曜社、2003

P. 090　* Bergmann Tiest WM, Kappers AM, Analysis of haptic perception of materials by multidimensional scaling and physical measurements of roughness and compressibility. Acta Psychol(Amst), 121(1):1-20, 2006.

** 白土寛和、前野隆司「触感呈示・検出のための材質認識機構のモデル化」『日本バーチャルリアリティー学会論文誌』9(3):235-240, 2004

第3章

P. 099　Saito DN, Okada T. Honda M, Yonekura Y,

注釋與參考文獻

序

P. 009 * DVD 作品『Happiness is : スヌーピーと幸せのブランケット』ワーナー・ホーム・ビデオ、2011

** Whitelaw A, Sleath K, Myth of the marsupial mother: home care of very low birth weight babies in Bogota, Colombia. Lancet, 1(8439):1206-8, 1985

P. 010 Ackerman JM, Nocera CC, Bargh JA, Incidental haptic sensations influence social judgments and decisions. Science, 328(5986):1712-5, 2010

P. 012 http://www.techtile.org/2009/

第 1 章

P. 023 オリバー・サックス『妻を帽子とまちがえた男』高見幸郎、金沢泰子訳、晶文社、1992、のちハヤカワ.ノンフィクション文庫、2009

P. 024 オリバー・サックス『左足をとりもどすまで』金沢泰子訳、晶文社、1994、pp. 81-82

P. 026 Hrbek A, Karlberg P, Olsson T, Development of visual and somatosensory evoked responses in pre-term newborn infants. Electroencecephalogr Clin Neurophysiol, 34(3):225-32, 1973

P. 027 * アリストテレス『心とは何か』桑子敏雄訳、講談社学術文庫、1999

** Shibata M, Fuchino Y, Naoi N, Kohno S, Kawai M, Okanoya K, Nyowa-Yamakoshi M, Broad cortical activation in response to tactile stimulation in newborns. Neuroreport, 23(6):373-7, 2012

P. 028 * ディドロ『盲人書簡』吉村道男、加藤美雄訳、岩波文庫、1949

** 鳥居修晃「人間の視・触覚融合：先天性盲人が初めて見た世界」、『日本ロボット学会誌』第 8 巻第 6 号：132-134、1990

及び、オリバー・サックス『火星の人類学者』吉田利子訳、1997、のちハヤカワノンフィクション文庫、2001

P. 029 * Strei A, Tactile discrimination of shape and intermodal transfer in 2- to 3- month-old infants. British Journal of Development Psychology, 5:213-220, 1987

** Sann C, Strei A, Perception of object shape and texture in human newborns: evidence from cross-modal transfer tasks. Dev Sci, 10(3):399-410, 2007

P. 031 Lederman SJ, Klatzky RL, Hand movements: a window into haptic object recognition. Cognitive Psychology, 19(3):342-368, 1987

P. 033 Ryo Kikuuwe, Akihito Sano, Hiromi Mochiyama, Naoyuki Takesue, Hideo Fujimoto, Enhancing Haptic Detection of Surface Undulation. ACM Transactions in Applied Perception, 2(1):46-67, 2005

P. 039 Ackerman Jm, Nocera CC, Bargh JA, Incidental haptic sensations influence social judgments and decisions. Science, 328(5986):1712-5, 2010

P. 040 * Kang Y, Williams LE, Clark MS, Gray JR, Bargh JA, Physical temperature effects on trust behavior: the role of insula. Soc Cogn Affect Neurosci, 6(4):507-15, 2011

、* 前掲 Ackerman JM, 2010 et al. 2010

P. 048 Maksimovics S, Nakatani M, Baba Y, Nelson AM, Marshall KL, Wellnitz SA, Firozi P, Woo SH, Ranade S, Patapoutian A, Lumpkin EA, Epidermal Merkel cells are mechanosensory cells that tune mammalian touch receptors. Nature, 509(7502):617-21, 2014

第 2 章

P. 059 Weinstein S, Intensive and extensive aspects of tactile sensitivity as a function of body-part, sex, and laterality. The skin senses, pp. 195-222, 1968

表現」座談會

—— TECHTILE 工具組的提案

2012 年 ★《觸摸世界》（民族學博物館展示區）

—— ★「紙張與數位製造」展（竹尾）

2013 年 ★日本 Yahoo「可觸式搜尋」計畫

2014 年 證實默克細胞會傳遞溫柔觸摸的觸感

2015 年 蘋果公司將振動觸覺回饋應用在 Apple Watch 和 MacBook Pro 上

—— Google ATAP 發表「Project Soli」（手勢遙控感應器）

—— ★落合陽一《Fairy Lights in Femtoseconds》（將在飛秒單位中形成的電漿化為可以觸摸到的作品。可觸式影像）

感》岩波科學圖書館

2012 年 Constance Slassen, *The Deepest Sense: A Cultural History of Touch*, University of Illinois Press.

—— Edited by Mark Paterson and Martin Dodge, *Touching Space, Placing Touch*, Ashgate.

—— 東山篤規《身體與手創造的知覺世界》勁草書房

—— Nathan Shedroff, Christopher Noessel《從科幻電影中學習互動設計》安藤幸央監譯，丸善出版，2014

2013 年 Marcel Danesi, *The History of the Kiss!: The Birth of Popular Culture*, Palgrave MacMillan.

2014 年 Edited by Peter Dent, *Sculpture and Touch*, Ashgate.

—— Crispin T. Lee, *Haptic Experience in the Writings of George Bataille, Maurice Blanchot and Michel Serres*, Peter Lang.

—— Alberto Gallace and Charles Spence, *In Touch with the Future: The Sense of Touch from Cognitive Neuroscience to Virtual Reality*, Oxford University Press.

—— 渡邊淳司《創造資訊的觸覺知性：生存在資訊社會必備的感覺能力》化學同人

—— 《觸覺的圖像研究：女神、蜥蜴、聖若翰洗者的舌頭》Arina 書房

2015 年 伊藤亞紗《眼睛看不見的人如何看世界？》光文社新書

—— Stephen Brogan, *The Royal Touch in Early Modern England: Politics, Medicine and Sin*, Royal Hirorical Society.

—— ★真鍋大度《Chair the difference》（透過聲音與觸覺釋放超低頻率的椅子與音響作品）
—— ★奧利維·古雷（Olivier Goulet）《Combinaison》
2005 年 **第 1 屆世界觸覺學會**
—— Youtube 成立
—— MediaMation 公司研發出 4D 動感座椅
—— 東京大學石川奧研究室研發「柯羅諾斯計畫」（觸碰螢幕就能快轉或倒轉該部分影像）
—— ★野口勇設計的「莫埃來沼公園」開幕
—— ★荒川修作、瑪德琳・琴斯「三鷹天命反轉住宅」
2006 年 任天堂開始發售 wii
—— 竹尾 PAPER SHOW「UNBALANCE ／ BALANCE 紙的特性與人的感覺」展
2007 年 **「TECHTILE #1 觸覺的工學 × 觸覺的設計」展**
—— iPhone 問世
—— Novint 公司研發出「Falcon」（全世界第一款為消費者設計的 3D 觸控裝置）
—— OTOKINOKO 公司發售「dayon」（以觸摸聲音的方式享受樂趣的裝置）
—— ★「現代美術的皮膚」展（大阪國立國際美術館）
—— ★「文學的觸覺」展（東京都寫真美術館）
2008 年 **「TECHTILE #2 SMOOTHNESS 觸感 ←→ ONOMATOPEE 觸摸・感覺・傳達」展**
—— ★荒川修作、瑪德琳・琴斯「Bioscleave House」【建築】
2009 年 ★《地心冒險》導入 4DX（CJ4DPLEX）【電影】
2010 年 **「TECHTILE #3 觸覺的真相」展**
—— iPad 問世
—— ★內藤禮《母型》（豐島美術館）
—— ★「泡沫與水蒸氣：愉樂的發現」展（INAX 藝廊）
2011 年 舉辦「TECHTILE 思維：表現觸感、用觸感

Antiquity to Cyberspace, Polity.（如書名所示，這是一本追溯從古至今各種感覺歷史的書籍。第 4 部第 11 章是觸覺）
2005 年 傳田光洋《皮膚會思考》岩波書店
—— Edited By Karen Harvey, *The Kiss in History*, Manchester University Press.
—— Edited by David Howes, *Empire of the Senses: The Sensual Culture Reader*, Berg.
—— Constance Classen, *The Book of Touch*, Berg.
—— 門林岳史〈觸覺，這多餘之物：麥克盧漢理論中的感覺修辭學〉《UTCP 研究論集 2 身體的思考・感覺的理論》
—— 藤森照信＋中谷禮仁〈實驗住宅與發明：個別技術的可能性〉《10 ＋ 1》第 41 號，INAX 出版
2006 年 Erin Manning, *Politics of Touch: Sense, Movement, Sovereignty*, University of Minnesota Press.
—— Santanu Das, *Touch and Intimacy in First World War Literature*, Cambridge University Press.
2007 年 Daniel Heller-Roazen, *The Inner Touch: Arcaeology of a Sensation*, Zone.
—— David Feeney, *Toward an Aesthetics of Blindness: An Interdisciplinary Response to Synge, Yeats, and Friel*, Peter Lang.
—— Mark M. Smith, *Sensing the Past: Seeing, Hearing, Smelling, Tasting and Touching in History*, University of California Press.
—— 傳田光洋《第三個腦：從皮膚思考生命、心與世界》朝日出版社
—— Mark Paterson, *The Sense of Touch: Haptics, Affects and Technologies*, Berg.
2008 年 **Encyclopedia:** Touch〔Scholarpedia（有同儕審查制的開放式百科全書）增設觸覺事典〕
—— Edited by Martin Grunwald, *Human Haptic Perseption: Basics and Applications*, Birkhauser.（開頭彙總觸覺學的歷史經緯）
2009 年 Jeniffer M. Barker, *The Tactile Eye: Touch and the Cinematic Experience*, University of California Press.
—— 門林岳史《Whatcha doin', Marshall Mcluhan ?：感性的媒體》，NTT 出版
2011 年 仲谷正史、筧康明、白土寬和《創造觸

		——	Laura U. Marks, *The Skin of the Film: Intercultural Cinema, Embodiment, and the Senses*, Duke University Press.
20 世紀	**大事紀**		**書籍**
2000 年	京王電鐵京王線測試導入女性專用車廂（1912 年已有中央線導入婦女專用電車的先例）	2000 年	東山篤規、宮岡徹、谷口俊治、佐藤愛子《觸覺與痛覺》BRAIN 出版
——	醫療用機器人「達文西」上市	——	雅克・德希達（Jacques Derrida）《觸摸，南希》松葉洋一、榊原達哉等譯，青土社，2006
		——	石井裕《可觸式位元：資訊的觸感、資訊的跡象》NTT 出版
2001 年	★埃內斯托・內圖（Ernesto Neto）參加威尼斯雙年展	2001 年	Tiffeny Field, *Touch*, MIT Press.
——	★阿部雅代開始舉辦以觸覺為主題的工作坊		
——	★于爾根・邁爾（Jürgen Mayer）《HEAT SEAT》		
——	★安妮・卡特瑞爾（Annie Cattrell）《Senses》（形塑大腦在五感各自作用時的活動部位的作品）		
2002 年	★派翠西亞・匹斯尼尼（Patricia Piccinini）《Still Life With Stem Cells》【雕刻作品】	2002 年	Linda Holler, *Erotic Morality: The Role of Touch in Early Modern Culture*, Rutgers University Press.
——	★《關鍵報告》【電影】	——	Laura U. Marks, *Touch: Sensous Theory and Multisensory Media*, University of Minnesota Press.
		——	Giuliana Bruno, *Atlas of Emotion*, Verso Books（電影理論／電影史中的「觸覺」）
2003 年	山口情報藝術中心（YCAM）成立	2003 年	讓－呂克・南希（Jean-Luc Nancy）《不要觸摸我：Noli me tangere》荻野厚志譯，未來社，2006
		——	Laura Growing, *Common Bodies: Woman, Touch and Poser in Seventeenth-Century Englanc*, Yale University Press.
		——	Steven Connor, *The Book of Skin*, Cornell University Press.
		——	Edited by Elizabeth Harvey, *Sensible Flesh: On Touch in Early Modern Culture*, University of Pennsylvania Press.
		——	Eve Kosofsky Sedgwick, *Touching Feeling: Affect, Pedagogy, Performativity*, Duke University Press.
2004 年	佐野明人等人研發**觸覺接觸鏡**	2004 年	牧田智之《擬聲語擬態語辭典》PIE BOOKS
——	任天堂發售任天堂 DS	——	原研哉、日本設計中心原設計研究所《HAPTIC：五感的覺醒》朝日新聞出版
——	Speedo 公司發售 Fastskin（仿鯊魚皮設計的競賽用泳衣）	——	山下柚實《喚醒「五感」：感覺會提出警告》岩波書店
——	★原研哉監修「HAPTIC」展	——	Robert Jütte, *A History of the Senses: From*

—— 感應器樂團（Edwin van der Heide, Zbigniew
—— Karkowski, Atau Tanaka）開始活動（嘗試透過肌電的感測，以身體動作製作音樂）
★斯凡克梅耶《浮士德》【電影】

1994年 ★傑佛瑞・蕭《golden calf》（透過顯示裝
—— 置觀看空無一物的展示台，即可看見金牛犢）

網際網路的普及

1995年 ★荒川修作、瑪德琳・琴斯「養老天命反
—— 轉地」
★藤幡正樹《冊頁之外》（互動式虛擬繪
—— 本作品）
山海嘉之研發機器人服「HAL」

1996年 人體工學電腦椅上市
—— ★斯凡克梅耶《極樂同盟》【電影】
——

MIT 石井裕公開發表**可觸式位元的概念**

1997年 任天堂發售任天堂 64 專用的振動包（讓掌
—— 機振動的裝置）
SONY 發售 PlayStation 專用、附振動功能的
—— 控制器 DUALSHOCK
★卡芙・馬修斯（Kaffe Matthews）《身體
—— 音樂》（躺在箱型床裡用全身聽音樂的作品）
Open Sound Control 開始受到提倡（用於電
—— 子音樂的通訊協定）
樂高公司發售「MINDSTORM」（含各種感

1998年 測器或遙控器的樂高積木組合教育組）
★《勁爆熱舞》（科樂美）〔藉由踩地上
—— 的踏板輸入指令的跳舞機遊戲〕
★馬克・紐森（Marc Newson）《胚胎椅》
—— （模仿胎兒形狀設計的椅子）

★光島貴之、中村理惠子、安齋利洋「觸

1998年以後 覺連畫」

★「皮膚的想像力／The Face of Skin」研

1999年 討會（日本國立西洋美術館）
★威廉・佛塞（William Forsythe）
—— 「Improvisation Technology」【CD-ROM】

Sander Gilman, "Touch, Sexuality and
—— disease.", in Edited by W. F. Bynum and R. Porter, *Medicine and the Five Senses*, Cambridge University Press.

1994年 谷川渥《鏡與皮膚：藝術的神話》筑摩書房，後由筑摩學藝文庫出版，2001
—— Paul Rodaway, *Sensuous Geographies: Body Senses and Place*, Routledge.（含「觸覺地理學」論）

1995年 Tiffany Field, *Touch in Early Development*, Lawrence Erlbaum Associates.

1996年 谷川渥《文學的皮膚：人類美學》白水社
—— G. B. Rushman、R. S. Atkinson、N. J. H. Davies《麻醉的歷史：150年的軌跡》松木明知譯，克誠堂出版，1998

1997年 Susanna Millar, *Reading by Touch*, Routledge.

1998年 Marjorie O'Rourke Boyle, Sense of Touch: Human Dignity and Deformity from Michelangelo to Calvin, BRILL.
—— Edited by Edward W. L. Smith, Pauline Rose Clance, and Suzanne Imes, *Touch in Psychotherapy: Theory, Research, and Practice*, Guilford Press.
—— Cathryn Vasseleu, *The Textures of Light: Vision and Touch in Irigaray, Levinas, and Merleau-Ponty*, Routledge.
—— 桑島秀樹〈『觸覺』在埃德蒙・柏克美學建立中的位置：崇高與優美〉《美學》48卷4號

1999年 克勞蒂亞・班庭（Claudia Benthien）《皮膚：文學史・身體形象・界線論》田邊玲子譯，法政大學出版局，2014
—— 伊藤俊治《移動的聖地》，港千尋監修，NTT出版

1983 年　惠普公司首度在產品「HP-150」中採用觸控式面板

——　任天堂發表紅白機

1984 年　★村山亞土、治江創立 gallery TOM（用手參觀的美術館）

1980 年代後半　★摩斯肯寧漢舞團開始採用模擬舞蹈動作的軟體「Life forms」進行演出

1985 年　國際沙遊治療學會成立

——　★蘿瑞・安德森「Drum Suit」（將鼓機拆解後，把感應零件縫在衣服各處，讓敲打身體的表演本身變成是演奏用的自製樂器）

——　★「Hang-On」（SEGA）【電玩遊戲】（機車賽車遊戲，玩家必須跨坐在機車型的框體上，以傾斜機車的方式進行操作）

——　★「時空戰士」（SEGA）【電玩遊戲】（座艙型框體會隨操作傾斜）

1986 年　★大衛・林區《藍絲絨》【電影】（出現耳朵的特寫鏡頭）

1987 年　電腦加速視覺化的研究

——　★「衝破火網」（SEGA）【電玩遊戲】

——　★馬修・巴尼（Matthew Barney）展開「DrawingRestraint」系列創作（在身體活動受到各種限制的狀態下進行繪圖，例如用彈跳床一邊跳躍一邊在天花板上作畫等等）

「美與觸覺」世界研討會

1988 年　**黑暗中對話體驗**（源自德國）

——　★「銀河武力」（SEGA）〔框體會水平方向旋轉 360 度的遊戲〕

——　★楊・斯凡克梅耶（Jan Švankmajer）《愛麗絲》【電影】

——　行動電話普及至全世界

1990 年　伊利諾大學 EVL 提出「CAVE」（將立體視覺影像投射在多面螢幕上，讓人產生沉浸感）

1991 年　丹普（即記憶海綿）製品開始發售

——　★克里斯塔・桑莫爾（Christa Sommerer）、羅宏・米若奴（Laurent Mignonneau）《互動植物生長計畫》（觀眾可用手部動作影響在假想空間上成長的植物）

1992 年　MIT 研發「PHANToM」（具觸覺回饋功能的輸入裝置）

1993 年　★八谷和彥「視聽覺交換機」

Cambridge University Press.

——　大森莊藏《新視覺新論》東京大學出版會

1983 年　Myron W. Krueger, *Artificial Reality*, Addison-Wesley.

——　坂部惠《「觸摸」的哲學：人稱的世界與其根底》岩波書店

1984 年　露西・伊蕊格來（Luce Irigaray）《性別差異的倫理》濱名優美譯，產業圖書，1986

1985 年　迪迪埃・安齊厄（Didier Anzieu）《皮膚・自我》福田素子譯，言叢社，1996

——　米歇爾・塞爾（Michel Serres）《五感：混合體的哲學》米山親能譯，叢書・Universitas，法政大學出版局，1991

——　松浦壽輝《口唇論：論記號與官能》青土社

——　伊藤俊治《邁向裸體的森林》筑摩書房，後由筑摩文庫出版，1988

1988 年　吉爾・德勒茲《皺摺》宇野邦一譯，河出書房新社，1998

1989 年　Noman Autton, *Touch: An Exploration*, Darton, Longman & Todd.

1990 年　Nöel Burch, "Building a Haptic Space", in Translated and Edited by Ben Brewster, *Life to those Shadow*, University of California Press.（使「觸覺」的觀點被納入電影理論中）

1992 年　石川九楊《筆觸的結構——書寫的現象學》筑摩書房，後由筑摩學藝文庫出版，2003

1993 年　Kathryn A. Walterscheid, *The Resurrection of the Body: Touch in D. H. Lawrence*, Peter Lang.

1971 年　★奧古斯特·柯波拉（August Coppola）「觸覺圓頂（Tactile Dome）」（在黑暗中靠觸覺前進的設施）

———　★克里斯·博登（Chris Burden）《shoot》（讓朋友射穿自己胳膊的行為藝術作品）

1972 年　★史提夫·派克斯頓（Steve Paxton）提出「接觸即興」的構想（舞蹈的即興技巧）

1973 年　邁倫·克魯格（Myron Krueger）提倡「人造現實（Artificial Reality）」的概念

———　美國摩托羅拉公司最先研發出行動電話通訊

———　湯馬斯·D·夏農（Thomas D. Shannon）取得觸覺電話的專利（美國）

1974 年　佳能開始販售盲人用的電子讀書器「Optacon」

1975 年　★嘻哈 DJ 大巫師狄奧多（Grand Wizard Theodore）偶然發現刮碟技法

1976 年　★「為視障者而舉辦的雕刻」展（泰德美術館）以此展覽為開端，1980 年代歐美的美術館、博物館紛紛舉辦「觸覺展（Touch Exhibition）」

———　★第 1 屆紋身會議（休士頓）

———　★莫那利「為眼睛看不見的少女準備的觸覺訊息」（1976 ／ 1985）

———　★大型電玩遊戲「Moto-Cross」（SEGA）導入搖桿的振動功能

1977 年　「Sayre Glove」被發明（世界第一款能靠手套輸入資訊的感測手套）

1978 年　★蘿瑞·安德森（Laurie Anderson）「耳機桌」（使用骨傳導系統的裝置）

1979 年　★湯淺讓二《擬聲語計畫》【合唱作品】

———　★莫那利，Primo laboratorio tattile（米蘭）〔觸覺工作坊〕

1980 年　舘暲等人提倡遠距臨場感（Telexistence）的概念

1982 年　MIDI 規格化（電子樂器的數位規格）

1971 年　阿什利·蒙塔古（Ashley-Montagu）《觸摸：親子的接觸》平凡社，1977

1974 年　段義孚《戀地情結：對環境感知、態度與價值》小野有五、阿部一譯，芹香書房，後由筑摩學藝文庫出版，2008

1975 年　傅柯《規訓與懲罰：監獄的誕生》田村俶譯，新潮社，1977

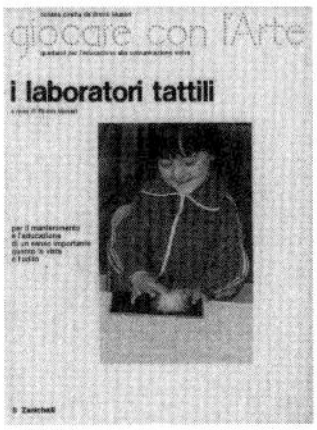

莫那利，「為眼睛看不見的少女準備的視覺訊息」，1986

1977 年　J. R. Moegan, *Molineux's Question: Vision, Touch, and the Philosophy of Perception*, Cambridge University Press.

1979 年　中村雄二郎《共通感覺論》岩波書店，後由岩波現代文庫出版，2000

———　吉布森《生態學的視覺論》

———　Dolores Krieger, The Therapeutic Touch: How to Use Your Hands to Help or to Heal, Fireside Book.

1980 年　艾文·托佛勒（Alvin Toffler）《第三波》日本放送出版協會

———　羅蘭·巴特（Roland Barthes）《明室：攝影札記》花輪光譯，美鈴書房，1985

1981 年　吉爾·德勒茲（Gilles Deleuze）《弗蘭西斯·培根：感覺的邏輯》法政大學出版局

———　大森莊藏《流動與沉澱》產業圖書

1982 年　Edited by William Schiff and Emerson Foulke, *Tactual Perception: A Sourcebook,*

「雕刻是觸診的藝術——一種用手觸摸對象、用手處理對象時給予滿足感的藝術。」

（節譯自《何謂雕刻？》）

1957 年　★湯淺讓二《內觸覺的宇宙》【鋼琴獨奏曲】

1958 年　樂高積木發展為現在的造型

1959 年　芭比娃娃問世

1960 年代　★超現實主義繪畫以美國為中心誕生

1960 年　★約翰・凱吉發表《音樂盒（Cartridge Music）》（用電唱機的拾音針拾音後增幅而成的樂曲）

1961 年　★理察・哈密爾頓（Richard Hamilton）〈Pin-up〉【繪畫】

———　★小杉武久《MICRO1》（用紙捲起麥克風，一邊緩緩打開紙張一邊欣賞音樂的作品）

1962 年　莫頓・海力格（Morton Heilig）取得「Sensorama」的專利（五感模擬系統）

1963 年　★電視動畫《原子小金剛》（音響效果：大野松雄）

———　★拉蒙特・揚（La Monte Young）「夢宮」的概念成形（打造出充滿光線、聲音、香氣，並鋪著質感舒適地毯的空間）

1965 年　河合隼雄將沙遊療法引進日本

———　美國奇異公司試做動力服「Hardiman」

———　★肯尼思・安格爾（Kenneth Anger）「K. K. K.」（Kustom Kar Kommandos）〔男人擦拭車體的影像〕

1966 年　★勞生柏（Robert Rauschenberg）《開放的記號》（使用裝有 FM 發射器的網球拍，每當球觸碰到拍面時就會發出巨大聲響，會場也同時陷入黑暗的作品）

1968 年　★查爾斯與蕾・伊姆斯（Charles and Ray Eames）《十的次方》【影像與書籍】

———　★傑佛瑞・蕭（Jeffrey Shaw）《Air Ground》（以作品呈現大規模空氣膜造型物所創造的非日常身體感覺體驗）

1969 年　在法蘭克・奧本海默（Frank Oppenheimer）的規畫下，體驗型科學博物館「科學探索館」開幕（美國）

———　★傑佛瑞・蕭《Water Walk》（讓體驗者鑽進三角形氣球中，步行於水面上的作品）

1970 年　★丹尼斯・奧本海姆《Transfer Drawing》

1970 年前後　★安東尼・卡洛（Anthony Caro）《桌上雕塑》【雕刻】

〔在美術評論中導入「觸覺性價值」（觸覺值）的概念〕

1955 年　赫伯特・里德（Herbert Read）《圖像和觀念：人類史中的藝術發展》美鈴書房，1957

1956 年　赫伯特・里德《雕塑藝術》宇佐見英治譯，日貿出版社，1995

———　衛斯理・伍德森（Wesley E. Woodson）《人體工學：為裝置設計者而寫》日文版，KORONA 社（原書出版於 1954 年）

1959 年　Allen H. Eaton, *Beauty for the Sight and the Blind*, St. Martin's Press.

1960 年　L. K. 法蘭克（L. K. Frank）〈觸覺式溝通〉麥克盧漢、埃德蒙・卡本特（Edmund Carpenter）《麥克盧漢理論》平凡社圖書館，2003

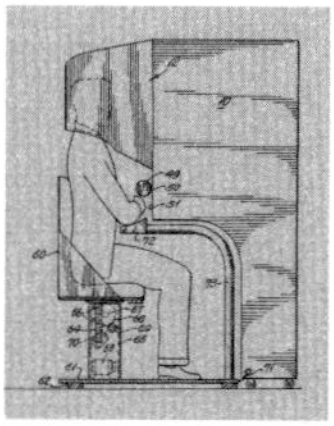

Sensorama

1964 年　麥克盧漢《媒體論：人類擴張諸相》栗原裕、河本仲聖譯，美鈴書房，1987

1966 年　詹姆斯・吉布森（James Gibson）《生態學知覺系統》

———　朵拉・卡爾夫（Dora Kalff）《卡爾夫沙遊療法》山中康裕監譯，誠信書房，1999，原書第 3 版的譯本

1968 年　《SD》第 38 號 1968 年 1 月號「特輯＝觸覺環境論」鹿島出版會

1969 年　河合隼雄《沙遊療法入門》誠信書房

———　Nicolas James Perella. *The kiss sacred and profane: an interpretative history of kiss symbolism and related religio-erotic themes*, University of California Press.

> 「人類透過手觸摸思考的手感。」
> （節譯自〈讚頌雙手〉）

1933 年　恩斯特・魯斯卡（Ernst Ruska）發明最原始的電子顯微鏡

———　★古斯塔夫・馬沙蒂（Gustav Machatý）執導《神魂顛腦》【電影】（第一部有全裸鏡頭的電影，捷克）

> 「若不將日本氣候的特殊觸感納入考量，就不可能理解俳句的意趣。西方人住由石頭和金屬打造出來的房子裡，空氣總是明亮乾燥、毫無濕氣，當然不可能理解日本的俳句，這是氣象學上既已注定的宿命。」
> （節譯自《鄉愁的詩人與謝蕪村》）

1938 年　尼龍的發明（最早的合成纖維）

———　★莫那利《Tavola Tattile》（觸覺作品）

1940 年代後半　★皮埃爾・謝弗（Pierre Schaeffer）發表具象音樂（運用自然環境音的音樂）

1944 年　約瑟夫・博伊斯（Joseph Beuys）在第二次世界大戰中被擊落，後經韃靼人用蜂蠟與毛毯包裹後生還

1947 年　「按摩指壓師、針灸師等相關法律」成立

———　★安德魯・魏斯（Andrew Wyeth）〈海風〉【繪畫】

1948 年　克勞德・夏農（Claude Shannon）發表〈通訊的數學理論〉

1949 年　★阿爾貝托・賈科梅蒂（Alberto Giacometti）《行走之人》

1950 年　懷爾德・彭菲爾德（Wilder Penfield）對人類的大腦皮質進行電刺激，彙總運動區或體感覺區與身體部位的對應關係

1952 年　★約翰・凱吉（John Cage）發表〈4”33’〉（無聲的音樂）

> 「『粹』與味覺、嗅覺、觸覺都有關，理解『粹』的構造有相當大的重要性。」
> （節譯自《「粹」之構造》）

1932 年　亨利・柏格森（Henri Bergson）《道德與宗教的兩種起源》

1933 年　寺田寅彥〈感覺與科學〉《科學》，其後出版《物質與語言》鐵塔書院

1934 年　福希庸（Henri Focillon）〈頌讚雙手〉《形的生命》阿部成樹譯，筑摩學藝文庫，2004

———　雅各・宇克斯庫爾（Jakob von Uexküll）《從生物看世界》

1935 年　班雅明《機械複製時代的藝術作品》

1936 年　戶坂潤《現代唯物論講話》白揚社

———　荻原朔太郎《鄉愁的詩人與謝蕪村》第一書房（提及觸覺的部分雖少，卻相當重要。與希波克拉底的論點也相通）

———　和辻哲郎〈岡倉老師的回憶〉《帝國大學新聞》（提及岡倉天心談論奈良藥師寺三尊時所說的「獨特的觸覺之美」）

1937 年　Emil von Skramlik, *Psychophysiologie der Tastsinne.*

1938 年　Géza Révész, *Die Formenwelt des Tastsinnes: Grundlegung der Haptik und der Blindenpsychologie.*

1942 年　莫里斯・梅洛－龐蒂《行為的結構》

1945 年　莫里斯・梅洛－龐蒂《知覺現象學》

1947 年　László Moholy-Nagy, *Vision in Motion, Paul Theobald and Company.*（為了講授包浩斯的預備課程而設計觸覺訓練。製作出組合各種觸覺的觸覺圖表並拍攝照片）

1949 年　湯瑪斯・門若（Thomas Munro）《諸藝術與其相互關係》

1950 年　蒙特梭利《兒童的發現》鼓常良譯，國土社，1971（提出觸覺板的概念，作為培養兒童觸覺發展的工具）

1952 年　埃德蒙德・胡塞爾（Edmund Husserl）《觀念 II：現象學的構成研究──純粹現象學和現象學哲學的觀念》立松弘孝、別所良美譯，美鈴書房，2001

———　貝倫森《文藝復興時期的義大利畫家》

1912年	進行一項讓視障者觸摸收藏品的計畫
1917年	瑪格麗特・洛溫菲爾德（Margaret Lowenfeld）發表「世界技法」。為日後沙遊療法的基礎。
1919年	特雷門發明成功（世界最早的電子樂器）
1920年前後	★康斯坦丁・布朗庫西（Constantin Brâncuşi）《宇宙的開始》（為盲人而設計的雕刻）【雕刻】
1921年	★馬里內蒂（Filippo Tommaso Marinetti）提倡「觸覺主義（Tattilisomo）」
———	OK繃開始販售（邦迪）
1922年	★庫特・史威特（Kurt Schwitters）《Ursonate》（聲音詩歌）

> 「我心想，不妨創作出靠觸覺體驗的獨立藝術如何？」
> （節譯自《觸覺的世界與其藝術》）

1923年	★村山知義以〈構成派與觸覺主義——德國美術界的新趨勢〉、〈觸覺主義與驚異的劇場〉為題投稿
1924年	★馬里內蒂：「在綜合演劇與驚愕的演劇之後，我們應該會開始策劃由純粹要素所構成的抽象反心理主義式演劇與觸覺演劇吧。」【宣言文稿】
———	★布朗庫西《空間之鳥》【雕刻】
1925年	★恩斯特發明拓印技法
1926年	★《Skin》【電影】
1928年	首次電視播放（美國）
1929年	★路易斯・布紐爾（Luis Buñuel）＋薩爾瓦多・達利（Salvador Dali）《安達魯之犬》【電影】（出現用剃刀割開眼球的畫面）
1930年代	★漢斯・貝爾默（Hans Bellmer）發表球體關節人偶

> 「觸知覺在實在感上具備最強烈的特徵。」
> （節譯自卡茲《觸覺的世界》）

1914年	奧古斯特・施馬索夫（August Schmarsow）《藝術學的基礎概念》中央公論美術出版，2003
1917年	寺田寅彥〈物理學與感覺〉《東洋學藝雜誌》其後出版《萬花筒》鐵塔書院，1929（論述失去視覺或聽覺後會發生什麼事）
1918年	小出楢重〈觸覺的世界與其藝術〉《Marronnier》，其後出版《楢重雜筆》中央美術社，1927
1921年	青柳有美《接吻哲學》日本性學會
———	田中寬一《效率研究人體工學》（日本首次出現人體工學一詞）
1922年	伊東忠太〈靠觸覺吃飯〉《從我的漫畫帖開始》實業之日本社（提及他從印度人口中聽說，用手吃飯是為了同時靠觸覺品嚐的逸事）
———	野口米次郎〈觸覺〉《沉默的血潮》，新潮社【詩】
1924年	《MAVO》第3號（9月）封面設計納入高見澤路直的〈Lashiyamen之像〉。上面貼著頭髮、紙爆竹等東西。
———	馬克・布洛克（Marc Léopold Benjamin Bloch）《王的奇蹟：王權的超自然性格相關研究／尤以法英為例》井上泰男、渡邊昌美譯，刀水書房，1998
1925年	拉斯洛・莫侯利納吉（Moholy-Nagy László）《繪畫、攝影、電影》利光功譯，中央公論美術出版，1993
———	**卡茲《觸覺的世界：實驗現象學的地平》**東山篤規、岩切絹代譯，新曜社，2003
1928年	高村光太郎〈觸覺的世界〉
1929年	莫侯利納吉《從材料到建築》宮島久雄譯，中央公論美術出版，1992（提出4項創造觸覺的要素：「構造」、「肌理」、「表面處理」與「堆積」）
1930年	北大路魯山人〈鯡魚卵吃的是聲音〉（「食物好吃或不好吃，大部分都取決於觸覺」）
———	和辻哲郎《「粹」之構造》岩波書店

是情緒？〉中主張，內臟或肌肉等生理變化就是情緒。

1887年　★奥古斯特・羅丹（Auguste Rodin）《吻》【雕刻】

1888年　**按摩**（massage）從法國傳入日本

1890年　石川倉次的日語6點式點字法被東京盲啞學校採用

1892年　法蘭西斯・高爾頓（Francis Galton）《指紋》，介紹指紋的分類法。

1895年　**盧米埃兄弟的「活動電影機」取得專利**（電影的發明）

1896年　馬克西米利安・馮・傅萊（Maximilian von Frey，1852-1932）設計**毛髮觸覺計**。傅萊將觸、溫、冷、痛區分為互相獨立的皮膚感覺種類。實驗中採用刺激用的毛髮，後來成為神經生理學與心理物理學的標準工具。

> 「畫家為了完成『在二次元平面上描繪三次元』的課題，便對投射在視網膜上的印象賦予觸覺的價值。」
> （節譯自《文藝復興時期的佛羅倫斯畫作》）

18世紀下半葉　★正阿彌勝義《猿螳螂圖花瓶》（京都三年坂美術館）【金工作品】（使用細膩的浮雕手法）

知外物的觸覺，在於蔓延遍布全身各處的神經。」）

1886年　恩斯特・馬赫（Ernst Mach）《感覺的分析》

1887年　康拉德・阿道夫・費德勒（Konrad Adolf Fiedler）《藝術活動的根源》山崎正和＋物部晃二譯，《中公世界名著》第81卷，中央公論社，1979

1892年　Max Dessoir, *Über den Hautsinn.*

1896年　Max von Frey, *Untersuchungen uber die Sinnesfunctionen der menschlichen Haut. Erste Abhandlung: Druckempfindung und Schmerz.*

———　伯納德・貝倫森（Bernard Berenson）《文藝復興時期的佛羅倫斯畫作》（貝倫森在這本書中一再強調觸覺在繪畫中的意義）

1897年　克里斯多福・紐阿普（Kristoffer Nyrop）《親吻的歷史》

———　哈維洛克・艾利斯（Havelock Ellis）《性心理學研究》佐藤晴夫譯，未知谷，1995-1996（第3卷〈人類的性選擇〉開頭論及「觸覺」）

1898年　Victor Henri, *Über die Raumwahrnehmungen des Tastsinnes: ein Beitrag zur experimentellen Psychologie.*

20世紀

大事紀

1906年　范信達（Reginald Aubrey Fessenden），全世界第一次電台廣播

1909年　★羅丹（Auguste Rodin）《戀人們的手（Lovers' Hands）》

———　★畢卡索、喬治・布拉克（Georges Braque）開始創作紙材糊貼作品（拼貼畫）

狄亞茲（John Alfred Charlton Diaz）在英國

書籍

1901年　李格爾（Alois Riegl）《羅馬晚期的工藝美術》井面信行譯，中央公論美術出版，2007〔提出不區分視覺與觸覺的「觸視性（Haptisch）」概念〕

1903年　海倫・凱勒《假如給我三天光明》岩橋武夫譯，角川文庫，1966

1905年　久保田米僊《美感新論》隆文館（第6章〈觸感之美〉）

1911年　H. G. Wells, *Floor Games.* Frank Palmer.（「世界技法」的靈感來源）

19 世紀

大事紀

1816 年　雷奈克（Ren Laennec）發明筒狀聽診器

1825 年　路易・布萊葉（Louis Braille）公開 6 點式點字法（1854 年獲政府公認）

1831 年　恩斯特・海因裡希・韋伯（Ernst Heinrich Weber）發現**韋伯定律**（針對手中砝碼重量變化的辨別閾進行實驗後發現，不僅是重量，連線條的長短或聲音的高低，其辨別閾都會與刺激量成正比，而非特定的絕對值）

1839 年　達蓋爾攝影法（銀版攝影法）問世

——　★〈天保十年亥二月晦日／於錦糸堀御獲鮒之圖〉（日本公認最早的魚拓）

1840 年　菲利普・巴齊尼（Filippo Pacini）宣布發現皮膚的觸覺受器**巴齊尼氏小體**。

1844 年　路德維希・納坦遜（Ludwig Natanson）將觸覺分成三種類型，分別是溫度、壓覺，以及觸＆癢。

1845 年　美國牙醫師威廉・莫頓（William Morton）在使用笑氣麻醉的公開實驗中失敗

1846 年　美國牙醫師威廉・莫頓進行乙醚麻醉的公開治療

1847 年　英國的約翰・斯諾（John Snow）開始使用三氯甲烷麻醉。斯諾用三氯甲烷替維多莉亞女王進行無痛分娩。

1851 年　亨利・塔爾博特（Henry Talbot）利用大氣中的火花放電進行瞬間攝影（全世界第一次高速攝影）

1852 年　梅斯納（Georg Meissner）宣布發現**梅斯納氏小體**

1858 年　愛德華・亨利・席維金（Edward Henry Sieveking）發明觸覺計

1862 年　★馬內〈奧林匹亞〉（對脫離寫實主義的理想裸體像的批判）

1872 年　席拉斯・維爾・米契爾（Silas Weir Mitchell），首次提出幻肢一詞

1875 年　默克發現觸覺細胞「**默克細胞**」

1884 年　威廉・詹姆斯（William James）在〈什麼

書籍

1806 年　賈克・德利（Jacques Delille）《想像力》（將以往被輕忽的觸覺推崇為真正的王者）

1819 年　雷奈克《間接聽診法》

1820 年　托馬斯・布朗（Thomas Browne）《人類的心靈哲學演講集》（第 22 講中討論到觸覺）

1827 年　太田晉齋《按腹圖解》

1833 年　Charles Bell, *The Hand: Its Mechanism and Vital Endowments, as Evincing Design*, William Pickering.
（第 7 章〈感覺與接觸〉）

〈天保十年亥二月晦日／於錦糸堀御獲鮒之圖〉

1846 年　Ernst Heinrich Weber, *Die Lehre vom Tastsinn und Gemeingefühl*（韋伯〈觸覺與一般感覺〉）

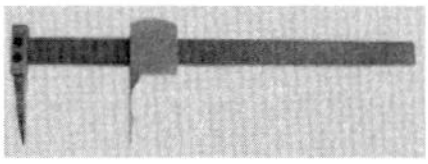

觸覺計

1862 年　艾德溫・史密斯（Edwin Smith）在埃及購入紙草文稿（關於西元前 17 世紀以前古埃及外科手術的書籍）

1871 年　馬索克（Leopold Ritter von Sacher-Masoch）《穿貂皮衣的維納斯》

1876 年　龍布羅梭（Cesare Lombroso）《犯罪人論》（描述使用觸覺計進行的觸覺檢查）

1879 年　《具氏博物學》下卷，須川賢久譯，川上九兵衛（日語早期的「觸覺」實例：「認

18 世紀	大事紀

1700 年前後　鋼琴的發明

> 「我此番論考的目的，乃是為了展現我們透過視覺感知諸對象距離、大小與位置的方式。此外，也是在考察視覺諸觀念與觸覺諸觀念之間的相異之處，或者此二種感官之間是否存在共通的觀念。」
> （節譯自《視覺新論》）

1714 年　打字機原型專利

1722 年　路易 15 世（Louis XV）對超過 2 千位民眾進行「國王的觸療」

1760 年前後　工業革命（～ 1830 年代）

1792 年　斷頭台正式被認定為刑具

書籍

1707 年　**大久保道古《古今導引集》**（按摩手技的解說書）

1709 年　**喬治・貝克萊**（George Berkeley）**《視覺新論》、《視覺新論 附：視覺論解析》**勁草書房，1990
（建立視覺與觸覺論爭的基礎）

1713 年　宮脇仲策《導引口訣鈔》

> 「如欲解救蒼生之苦，使其無病長生，務須鑽研導引按摩。」
> （節譯自《導引口訣鈔》）

1729 年　**威廉・卻賽爾登**（William Cheselden）**《天生失明的年輕紳士的考察》**

1749 年　**狄德羅**（Denis Diderot）**《論盲人書簡》**（盲人數學家桑德遜的逸聞。他靠著觸覺認知空間，並獲得抽象概念。）

1754 年　孔狄亞克（Étienne Bonnot de Condillac）《感覺論》

1757 年　埃德蒙・柏克（Edmund Burke）《關于我們崇高與美觀念之根源的哲學探討》中野好夫譯，美鈴書房，1999（柏克重視觸覺，將其視為美學的根基）

1764 年　湯瑪士・里德（Thomas Rcild）《心理哲學》朝廣謙次郎譯，知全書館，2004

1774 年　杉田玄白《解體新書》

1778 年　**約翰・戈特弗里德・赫爾德**（Johann Gottfried von Herder）《雕塑論》登張正實譯，《中公世界名著》第 38 卷，中央公論社，1979 年（對於自古以來感覺中的視覺優越論，強調列居下位的觸覺的重要性）

1793 年　約翰・雅各・恩格爾（Johann Jakob Engel）《關於觸覺感覺的幾項特徵》

1795 年　亞當・斯密（Adam Smith）〈外部感覺論〉（遺稿《哲學論文集》）〔將觸覺定義為「動物生命與生存本性不可或缺也無法分割的感覺」〕

19 世紀	

1804 年　華岡青洲用通仙散施打麻醉，以進行乳癌手術

———　遊離植皮術最早的案例（臨床上的普及是 19 世紀末）

———　第一齣近代啞劇上演

> 「但是，觸覺，噢，偉大的神啊！就像盧克萊修證明的，觸覺，這五感的王者，在豐富性上勝過其他感覺。」
> （節譯自《想像力》）

中世紀

大事紀

701 年　《大寶令》醫事制度中設置按摩生、按摩師以及按摩博士

753 年　日本最早的佛足石（藥師寺）

1413 年前後　★布魯涅列斯基（Brunelleschi）製作透視圖法裝置

1445 年前後　古騰堡（Johannes Gutenberg）將活字印刷術實用化

1485 年前後　★達文西（Leonardo da Vinci）畫出降落傘草圖

15 世紀　曲柄鑽的結構成形

15 世紀以後　暗箱普及

書籍

「觸覺並非感覺靈魂諸能力的一部分，而是完整感覺靈魂、讓感覺靈魂之所以為感覺靈魂的存在。」〔大阿爾伯特（Albertus Magnus）《人論》〕

1245 年前後　大阿爾伯特《人論》

曲柄鑽
Securiger ／ CC BY-SA 3.0

16 世紀

1500 年前後　★〈女士與獨角獸〉【壁毯】（描繪出五感的寓意）

16～17 世紀　★各派畫家描繪含「觸覺」在內的五感寓意畫

1506 年　★達文西〈蒙娜麗莎〉【繪畫】

1509 年　★米開朗基羅〈創造亞當〉【壁畫】

1510 年　★喬久內〈沉睡的維納斯〉（裸體肖像被視為近代繪畫之始）

1561 年　★法蘭斯・佛羅里斯（Frans Floris）〈觸覺〉【繪畫】

1564 年　建議使用保險套預防梅毒的文字記錄

1566 年　★阿爾欽博托（Arcimboldo）的四元素拼貼畫

喬久內（Giorgione）
〈沉睡的維納斯〉

1543 年　維薩里（Andreas Vesalius）《人體的構造》

17 世紀

1612 年　聖托里歐（Santorio Santorio）將溫度計使用在醫療上

1617 年　★老揚・布勒哲爾（Jan Brueghel de Oude）、魯本斯（Peter Paul Rubens）〈觸覺的寓言〉【繪畫】

1632 年　★胡塞佩・德・里貝拉（José de Ribera）〈盲人雕刻家〉【繪畫】

1638 年前後　★亞伯拉罕・博斯（Abraham Bosse）〈觸覺〉【繪畫】

1652 年　★貝尼尼（Gian Lorenzo Bernini）《聖德蕾莎的狂喜》【雕刻】

1670 年　拉那（Francesco Lana de Terzi）設計出**點字系統**

1685 年　查理二世（Charles II）每年為超過 4500 人進行**國王的觸療**（在位期間 1660-1685）

1693 年　威廉・莫利紐茲（William Molyneux）提出**莫利紐茲問題**

里貝拉〈盲人雕刻家〉

1650 年　林正且《導引體要》（按摩的解說書）

1665 年　虎克（Robert Hooke）《微物圖鑑》

國王的觸療

1694 年　**洛克（John Locke）《人類知性論》**第 2 版（探討莫利紐茲問題）

觸感年表

監修：山本貴光

（★特別表示與藝術作品有關）

古代	大事紀
前 40 億年	**細胞誕生（觸覺誕生）**
前 4000 萬年	靈長類分化
前 1500 萬年	猿人出現、**開始以双足步行**
前 500 萬年	猿人開始利用天然石、天然棒等作為工具
前 70 萬年	開始用火
前 35 萬年	**發明切割工具**（菜刀）
前 12 萬年	**發明勒瓦婁哇技法**＊
前 3.5 萬年	最早的笛子（德國）
前 3.5 萬年	反手技法（洞窟繪畫）
前 2.8 萬年	最早的陽具雕刻（德國）
前 2.4 萬年	維倫多爾夫的維納斯（奧地利）
前 1.7 萬年	中石器時代開始
前 8000 年	東地中海沿岸出現農耕
前 5000 年	東方出現文字
前 5000 年～4000 年	繩文的維納斯
前 4000 年	最早的化妝盤（古埃及）
前 3300 年	最早的黏土板文書
前 3000 年	發明莎草紙
前 2750 年	**史上最早的外科手術**（古埃及）
前 2500 年	開始製筆
前 1300 年	開始製造絲織品（殷）
前 600 年	鼻成形術（古印度）
前 550 年	在平圖拉斯河附近的洞窟壁畫上發現大量手印（阿根廷）
前 375 年前後	**希波克拉底**（Hippocrates）強調**按摩的重要性**
前 260 年	**阿基米德**（Archimedes）說明**槓桿原理**
前 322 年	**亞里斯多德**（Aristotle）提出**觸覺型錯覺的概念**

> ＊亞里斯多德將與肉體有關的快感分成視覺、聽覺、嗅覺、觸覺和味覺五種類型，其中觸覺是最容易造成放縱的一種感覺。**亞里斯多德認為觸覺是低等的感覺。這項見解在歐洲占有支配性地位。**

前 22 年　第一齣啞劇在羅馬上演

> ＊《變形記》中畢馬龍（Pygmalion）愛上女性象牙雕像的故事，後來成為美學當中的觸覺論的靈感來源。

200 年前後　羅馬出現全世界最早的面霜

書籍

> ＊什麼是勒瓦婁哇技法？
> 製作石器的新技法。先設計好完成的形態並加以調整後，再剝離石片。

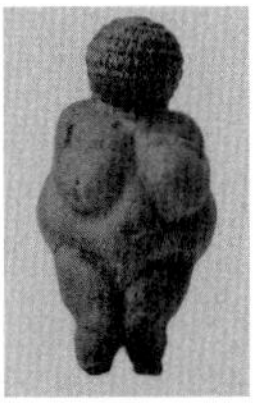

維倫多爾夫的維納斯
Wellcome Images/CC BY 4.0

黏土板文書

平圖拉斯河手洞壁畫
Mariano/CC BY-SA 3.0

前 322 年　亞里斯多德《論靈魂》，中畑正志譯，京都大學學術出版會，2001

——　亞里斯多德《尼各馬科倫理學》，朴一功譯，京都大學學術出版會，2002＊

前 206 年？　《黃帝內經》（中國最早的醫書）

前 55 年前後　盧克萊修（Lucretius）《物性論》〔深受伊比鳩魯的原子論影響，認為**世間萬物皆誕生自原子的接觸。**〕

0 年　奧維德（Publius Ovidius Naso）《變形記》＊

2～3 世紀前後　《揭羅迦本集》、《妙聞本集》（印度醫書）

300 年前後？　筏蹉衍那（Mallanaga Vatsyayana）《印度愛經》，岩本裕譯，東洋文庫、平凡社，1998

科普漫遊FQ1045

觸覺不思議（触楽入門）

從觸感遊戲、感官實驗及最新研究，探索你從不知道的觸覺世界

作　　者　仲谷正史、筧康明、三原聰一郎、南澤孝太
插　　圖　是澤ゆうこ
譯　　者　劉格安
責任編輯　許涵、沈沛緗
行銷企劃　陳彩玉、陳玫潾、朱紹瑄
內頁編排　漾格科技股份有限公司

主　　編　謝至平
編輯總監　劉麗真
總 經 理　陳逸瑛
發 行 人　凃玉雲
出　　版　臉譜出版城邦文化事業股份有限公司
臺北市中山區民生東路二段一四一號五樓
電話：886-2-25007696　傳真：886-2-25001952
發　　行　英屬蓋曼群島商家庭傳媒股份有限公司城邦分公司
臺北市中山區民生東路二段一四一號十一樓
服務專線：02-25007718；25007719
二十四小時傳真專線：02-25001990；25001991
服務時間：週一至週五上午09:30-12:00；下午13:30-17:00
劃撥帳號：19863813　戶名：書虫股份有限公司
讀者服務信箱：service@readingclub.com.tw
城邦網址：http://www.cite.com.tw

香港發行所　城邦（香港）出版集團有限公司
香港灣仔駱克道一九三號東超商業中心一樓
電話：852-25086231；25086217
傳真：852-25789337
電子信箱：citehk@hknet.com
馬新發行所　城邦（新、馬）出版集團
Cite（M）Sdn. Bhd.（458372U）11, Jalan 30D/146, Desa Tasik, Sungai Besi,
57000 Kuala Lumpur, Malaysia
電話：603-90563833　傳真：603-90562833

一版一刷　2017年5月
I S B N　978-986-235-587-9
售　　價　300元
版權所有・翻印必究（Printed in Taiwan）
本書如有缺頁、破損、倒裝，請寄回更換

SHOKURAKU NYUHMON by TECHTILE
Copyright © 2016 TECHTILE
All rights reserved.
Originally published in Japan in 2016 by ASAHI PRESS Co., Ltd.
Traditional Chinese translation rights arranged with ASAHI PRESS CO., LTD.
Through AMANN CO., LTD.
Traditional Chinese translation copyright © 2017 by Faces Publications, A Division of Cité Publishing Ltd.

國家圖書館出版品預行編目(CIP)資料

觸覺不思議：從觸感遊戲、感官實驗及最新研究，探索你從不知道的觸覺世界 / 仲谷正史等著；劉格安譯. -- 一版. -- 臺北市：臉譜出版：家庭傳媒城邦分公司發行, 2017.05
面；　公分. --（科普漫遊；FQ1045）
譯自：触楽入門
ISBN 978-986-235-587-9(平裝)

1.感覺
176.16　　106006151